biblio collège

Gilgamesh

Adaptation de Léo Scheer

Notes, questionnaires et dossier d'accompagnement
par Isabelle de LISLE,
agrégée de Lettres modernes,
professeur en collège et en lycée

Sommaire

ISBN : 978-2-01-281505-6

Dossier Bibliocollège

Dossier pédagogique téléchargeable gratuitement sur :
www.hachette-education.com

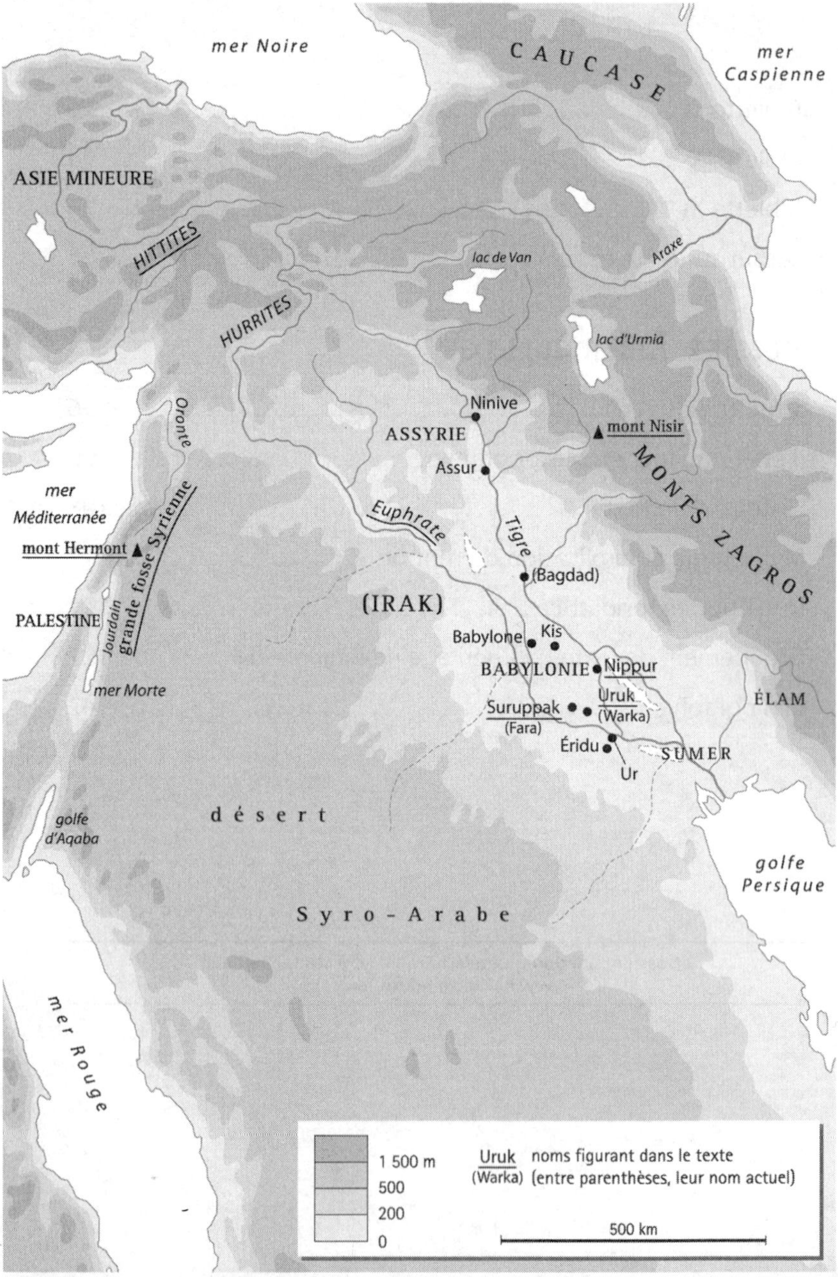

mer Noire
CAUCASE
mer Caspienne
ASIE MINEURE
HITTITES
HURRITES
lac de Van
Araxe
lac d'Urmia
Oronte
Ninive
ASSYRIE
mont Nisir
Assur
MONTS ZAGROS
mer Méditerranée
mont Hermont
grande fosse Syrienne
Euphrate
Tigre
(Bagdad)
(IRAK)
PALESTINE
Jourdain
Babylone
Kis
BABYLONIE
Nippur
mer Morte
Uruk
(Warka)
ÉLAM
Suruppak
(Fara)
Éridu
SUMER
Ur
golfe d'Aqaba
désert
Syro-Arabe
golfe Persique
mer Rouge
1 500 m
500
200
0
Uruk (Warka) noms figurant dans le texte (entre parenthèses, leur nom actuel)
500 km

Introduction

Vous qui ouvrez ce livre, oubliez le XXIe siècle et remontez au tout début de notre Histoire, bien avant notre ère...

Il était une fois, vers 2650 avant J.-C., un roi sumérien qui régnait sur la ville d'Uruk en Mésopotamie. Il s'appelait Gilgamesh et sa puissance était si grande qu'elle fit sa renommée.

Vers 2300, des tablettes en sumérien firent de lui un personnage de légende en lui attribuant des exploits étonnants, mais ce n'est que six cents ans plus tard qu'un lettré de génie, prenant des libertés par rapport aux légendes en vogue, écrivit en akkadien un long poème sur la vie extraordinaire de ce souverain héroïque. Le récit de cet auteur inconnu eut un tel succès qu'il fut diffusé jusqu'en Palestine et chez les Hittites !

Aux environs de l'an 1000, Sînleqe'Unnennî, un autre homme de lettres, reprit et étoffa l'histoire fabuleuse en composant un récit dont seuls les deux tiers nous sont parvenus. Les 11 tablettes d'argile de cette version ont été

Héros maîtrisant un lion dit « Gilgamesh » (VIIIe siècle av. J.-C.).

retrouvées à Ninive, en Assyrie, dans la bibliothèque du roi Assurbanipal.

Les auteurs successifs de *Gilgamesh* ont signé avec ce texte littéraire, le plus ancien que nous connaissions, l'acte de naissance de l'épopée. Mais quel curieux destin que celui de ce récit et de la civilisation mésopotamienne à laquelle il est lié ! Malgré les invasions successives, cette civilisation, née de la rencontre des Sumériens et des Akkadiens, a rayonné dans toute l'Antiquité ; l'épopée de *Gilgamesh* a été largement diffusée, comme le montrent les archéologues et comme en attestent la mythologie grecque et les récits bibliques. Pourtant, aux alentours du Ier siècle avant notre ère, les œuvres, la culture et la langue de cette brillante civilisation ont sombré dans l'oubli. Une porte de notre Histoire s'est refermée.

Pendant mille sept cents ans, ce monde qui a donné naissance à l'écriture et à la littérature disparaît des mémoires. Pour découvrir l'existence du souverain d'Uruk, il faut attendre que des scientifiques, dans la seconde moitié du XIXe siècle, retrouvent les tablettes d'argile enfouies et parviennent à les déchiffrer.

Grâce à leur travail acharné et même si les tablettes sont incomplètes ou endommagées, Gilgamesh renaît et accomplit pour nous ses exploits. Souverain hors du commun, il vient à bout, avec l'aide de son ami Enkidu, des créatures les plus monstrueuses. Mais notre héros est aussi un homme ordinaire, capable d'avoir peur, de pleurer, de s'interroger sur son existence.

L'adaptation que nous propose Léo Scheer et dont nous reproduisons ici de larges extraits s'appuie le plus souvent sur la version trouvée à Ninive (env. 1000 av. J.-C.) et parfois sur une version plus ancienne (env. 1750 av. J.-C.) que nous signalons.

Entrons sans plus tarder à Uruk, deux mille six cents années avant notre ère, et laissons-nous porter par le charme de l'épopée : ces hommes si anciens nous parlent toujours...

En définitive, grâce à l'écriture, Gilgamesh a bien acquis l'immortalité dont il rêvait...

Tablette I

[...]

Voici celui qui a tout vu, exploré la Terre entière, pénétré chaque chose. Sage parmi les sages, il a percé tous les secrets, dévoilé tous les mystères.

Il a ouvert le chemin vers les montagnes, creusé des puits sur les pentes les plus inaccessibles, traversé le vaste océan jusqu'à l'endroit d'où surgit le Soleil[1]. Il a exploré l'univers à la recherche de la vie éternelle, atteint avec courage les limites de ce monde.

Il a restauré les sanctuaires[2] ravagés par le Déluge, et permis aux peuples de retrouver leurs rites[3] religieux.

notes

1. Il s'agit des monts Jumeaux (voir p. 4), massif montagneux de Mésopotamie remarquable par ses deux sommets séparés par un étroit passage.

*2. **sanctuaires :*** lieux saints.

*3. **rites :*** pratiques.

Monarque[1] prestigieux, fils héroïque de la cité d'Uruk[2], il est le buffle aux cornes menaçantes.

Marchant parfois à la tête de ses sujets[3], il a su les guider, mais il savait aussi les suivre pour les protéger. Il était à la fois la digue puissante gardant ses troupes et le violent raz-de-marée détruisant les murs de pierre.

Tel était Gilgamesh, fils de Lugalbanda et de Ninsuna la Bufflesse[4], être éblouissant à la force supérieure. Devenu le jeune prince d'Uruk, il abusa de sa puissance. Personne, parmi la multitude des hommes, ne pouvait se dire son égal. Sa souveraineté était sans partage au point qu'un jour il proclama :

– Le roi c'est moi. Je suis l'Unique !

Humain pour un tiers, aux deux tiers divin, son corps avait des proportions gigantesques. C'est Aruru la Sublime, déesse qui créa l'humanité, qui l'avait esquissé. Enki-Ea, maître des Arts, paracheva sa stature[5] élancée. Tout en lui resplendissait et sa prestance[6] était superbe.

Débordé par sa vigueur excessive, il sillonnait Uruk, tête haute, comme un animal féroce, faisant étalage de sa force. Il opprimait les guerriers de la cité tel un tyran. Même les plus braves tremblaient en secret.

Une rumeur se répandit dans tout le pays :

– Gilgamesh ne laisse pas un fils à son père ; de jour comme de nuit, il peut faire irruption dans leur chambre et se déchaîner contre eux. Gilgamesh ne laisse pas une adolescente à sa mère, qu'elle soit fille de guerrier ou déjà promise.

notes

1. ***Monarque :*** roi.
2. ***Uruk :*** ville d'origine sumérienne, actuel site archéologique de Warka situé en Irak (voir p. 4).
3. ***sujets :*** tous ceux qui doivent obéissance au roi.
4. Gilgamesh est le fils du roi d'Uruk et de la déesse des Bovins sauvages.
5. ***stature :*** taille.
6. ***prestance :*** allure.

Aussi glorieux, sagace[1] et averti qu'il puisse être et bien qu'il soit notre guide, Gilgamesh est incapable de maîtriser sa vigueur ; il est insatiable[2] !

À force d'entendre les plaintes du peuple d'Uruk, les dieux célestes finirent par se lasser et décidèrent de faire appel à leur propre créateur : Anu, le père des dieux et le seigneur de la cité.

– N'est-ce pas toi, Anu, qui as hissé sur le trône Gilgamesh, cet animal à l'arrogance[3] sans pareille ?

Ils lui rapportèrent les reproches faits par les habitants d'Uruk à leur souverain. Tant et si bien qu'Anu finit par admettre leurs doléances[4]. Les dieux célestes cherchèrent une solution et, lorsqu'ils l'eurent trouvée, ils se retournèrent vers Aruru la Sublime pour qu'elle la mette en œuvre.

– Grande Aruru, toi qui as conçu l'humanité, crée maintenant un autre homme en suivant le modèle de l'ouragan imaginé par Anu. Qu'il soit l'égal de Gilgamesh et se mesure à sa fougue[5]. Qu'ils s'empoignent tous les deux et qu'ainsi Uruk retrouve sa quiétude[6].

Aruru entendit la requête[7] et appliqua ce qu'Anu lui avait prescrit. Après s'être lavé les mains, elle prit un bloc d'argile, et le déposa au milieu de la steppe.

C'est ainsi que fut créé Enkidu le Valeureux, mis au monde dans la solitude, à la musculature aussi dense qu'un météore[8]. Le corps abondamment velu, il avait la chevelure d'une femme aux boucles foisonnantes comme un champ de seigle.

notes

1. ***sagace :*** intelligent.
2. ***insatiable :*** jamais satisfait.
3. ***arrogance :*** insolence.
4. ***doléances :*** plaintes et demandes.
5. ***fougue :*** énergie.
6. ***quiétude :*** tranquillité.
7. ***requête :*** demande.
8. ***météore :*** astre.

Ne connaissant personne, il vivait à l'état sauvage, en compagnie des gazelles, et broutait les feuillages. Il suivait sa horde[1], fréquentait les points d'eau, se désaltérant avec les bêtes.

Un jour, un chasseur poseur de pièges l'aperçut aux abords d'une mare. Une première fois, une autre fois, puis une troisième.

Dès qu'il le vit, le chasseur fut médusé[2]. Stupéfait devant cette vision, le cœur serré, le visage saisi par l'inquiétude, il perdit brutalement la parole. Il en garda l'expression de celui qui revient de loin et resta muet des jours durant. Puis, ayant surmonté sa frayeur et retrouvé le langage, il se confia à son père :

– Mon père, il y a un colosse dans la steppe. C'est le plus fort et le plus vigoureux qu'il me fut donné de rencontrer. Sa musculature est un bloc venu du Ciel. J'en ai eu si peur que je n'ai osé l'approcher. Ce géant a comblé les trappes que j'avais moi-même creusées, arraché les filets que j'avais tendus et détourné le gros et le menu gibier. Père, il ne me laisse plus chasser dans la steppe !

Son père lui répondit :

– Mon fils, sache que Gilgamesh a la certitude que personne n'est plus fort que lui. Alors, fais ce que je te dis : va le trouver, va à Uruk, et dis-lui qu'un autre humain peut rivaliser avec lui. Apprenant cela, je te prédis que l'idée lui viendra de te donner sa courtisane[3]. Emmène-la avec toi à la chasse et vante-lui la robustesse de ce gaillard. Lorsque la horde arrivera au point d'eau, la fille de joie[4] ôtera ses vêtements et dévoilera ses charmes. Quand il la verra ainsi, il

notes

1. ***horde :*** bande d'animaux sauvages.
2. ***médusé :*** stupéfait.
3. ***courtisane :*** prostituée.
4. ***fille de joie :*** prostituée.

ne pourra s'empêcher de se jeter sur elle. Sa horde familière découvrira alors sa nature humaine et lui tournera le dos.

Le chasseur suivit les conseils de son père. Il entra dans Uruk, s'en fut trouver Gilgamesh et lui dit les mots que son père avait prescrits. Le souverain lui répondit comme prévu :

– Va, chasseur, et emmène avec toi ma courtisane.

Le chasseur partit, emmenant avec lui celle qu'on appelait La Joyeuse. Ils prirent la route et, après trois jours de marche, arrivèrent au but.

Ils s'installèrent dans un endroit où ils ne seraient pas vus et restèrent là, près de l'eau, à attendre. Un jour. Deux jours. Puis la horde arriva pour s'abreuver[1].

Enkidu, fils du désert, broutait en compagnie des gazelles. La courtisane vit cet être humain sauvage, cette redoutable créature. Le chasseur lui dit :

– Le voilà ! Dénude-toi. Dévoile-lui tes charmes afin qu'il découvre le plaisir d'un humain. Lorsqu'il te verra ainsi, il ne pourra se retenir et se jettera sur toi. [...]

[Comme le chasseur l'avait prévu, Enkidu découvre l'amour, puis décide de rejoindre les animaux, ses amis de toujours.]

Mais à sa vue les gazelles s'enfuirent, les bêtes sauvages s'écartèrent de lui. Il voulut s'élancer, mais son corps était vidé de ses forces. Ses genoux trop engourdis, il ne pouvait plus suivre les bêtes dans leur course.

Enkidu était affaibli, mais il avait mûri et avait acquis l'intelligence. Aussi, revenu s'asseoir aux pieds de la courtisane, les yeux rivés sur son visage, il découvrit qu'il était

note

1. s'abreuver : boire.

désormais capable de comprendre le langage des humains. Tout ce qu'elle lui disait, il le comprenait :

– Enkidu, tu es si beau, tu ressembles à un dieu. Pourquoi galoper dans la steppe avec les bêtes ? Laisse-moi t'emmener à Uruk en la sainte demeure d'Ishtar[1], là où se trouve Gilgamesh qui, pareil au taureau, peut vaincre les plus vaillants.

Devenu clairvoyant, il pressentit, à travers ces paroles, qu'il pourrait, en rencontrant l'homme dont elle lui parlait, découvrir aussi l'amitié. Il acquiesça et, devenu maître de ses mots, il s'adressa ainsi à La Joyeuse :

– Allons ! Conduis-moi jusqu'à la demeure de Gilgamesh. Je me mesurerai à lui. La lutte sera sans doute sévère, mais je le vaincrai et pourrai proclamer dans tout Uruk : « Le plus puissant, c'est moi ! » Le natif des steppes[2] que je suis sera reconnu comme le plus fort et le plus puissant ! Je pourrai alors changer le cours des choses dans cette cité.

– Viens, dit la courtisane, allons retrouver Gilgamesh en personne. Je te le montrerai car je sais où il se trouve. Enkidu ! Viens avec moi à Uruk, la ville où chaque jour on fait la fête, où ne cessent de retentir les tambours, où les filles de joie lascives[3], aux cris voluptueux, voient les plus hauts personnages quitter leur couche[4] nocturne pour leur beauté étincelante. Toi, Enkidu, qui ne savais pas vivre, je te montrerai Gilgamesh, cet homme inébranlable. Face à lui, tu verras comme son corps est parfait, comme il a de la prestance et respire la séduction. Tout, en lui, sur toi

notes

1. *Ishtar* : déesse du Ciel.
2. *Le natif des steppes* : celui qui est né dans les plaines arides.
3. *lascives* : sensuelles.
4. *couche* : lit.

l'emporte. Sa vigueur est infatigable, il l'exerce sans relâche, jour et nuit ! Enkidu, mets ta hargne[1] de côté. Samash[2], le dieu du Soleil, a pris Gilgamesh en affection, et Anu, Enlil[3] et Ea[4] ont démultiplié son intelligence. C'est un devin : avant même que tu sois arrivé jusqu'à lui, il t'a vu en songe et, à peine sorti de son sommeil, il s'est adressé à sa mère pour lui raconter son rêve.

Voici le récit qu'il fit à sa mère :

– Ma mère, je voudrais te raconter le rêve que j'ai fait cette nuit. Tandis que m'entouraient les étoiles célestes, un bloc venu du Ciel est tombé près de moi. J'ai voulu le soulever, mais il était trop lourd. Je tentai de le déplacer, mais je n'y parvins pas. Le peuple s'était rassemblé, la foule se pressait autour de lui. Tous se bousculaient pour le voir et lui baisaient les orteils comme à un nouveau-né. Et moi je le caressais comme une épouse. Puis je l'ai déposé à tes pieds, et toi, tu l'as traité comme un autre moi-même !

Sage et avisée, Ninsuna interpréta le rêve de son fils :

– Gilgamesh, les étoiles célestes sont ton escorte. Ce bloc tombé du Ciel, trop lourd pour toi et que tu as déposé à mes pieds, signifie que tu vas rencontrer un compagnon puissant et qui te sera secourable. Que tu l'aies caressé comme une épouse veut dire que lui, au moins, ne t'abandonnera jamais ! Ton rêve est excellent, Gilgamesh, et du meilleur augure[5] !

notes

1. ***hargne :*** agressivité.
2. Samash est le frère d'Ishtar.
3. ***Enlil :*** dieu des Vents, un des dieux les plus puissants.
4. ***Ea :*** Enki, en sumérien ; il est le maître des Eaux souterraines et de tout ce qui a trait à l'intelligence (techniques, arts...).
5. ***augure :*** information quant à l'avenir.

Le lendemain, replongeant dans le sommeil, il fit un second rêve. À peine réveillé, il s'empressa de le conter à sa mère :

– Ma mère, voici que j'ai fait un autre songe. J'arpentais les carrefours d'Uruk, le nez au vent, lorsque je vis la foule se presser devant un objet. C'était, cette fois-ci, une hachette à l'aspect singulier. Les jeunes gens se rassemblaient devant elle. Elle me plut et, l'ayant prise, je la plaçai à mon côté, comme la portent les guerriers. Je l'aimais elle aussi et je la caressais comme une épouse. Je la déposai à tes pieds et tu la traitas comme mon égale.

Compatissante[1], Ninsuna la Bufflesse, savante et perspicace, lui dit :

– Mon fils, la hache que tu as vue, c'est un homme, un camarade. Il va t'arriver un compagnon qui sera ton égal, un être puissant et qui te sera d'un grand secours.

Il lui répondit :

– Pouvais-je rêver qu'il m'arrive une telle chance ! D'avoir pour moi un si grand conseiller et qui en plus deviendra mon ami !

Tels furent les rêves que Gilgamesh confia à sa mère. Ceux-là mêmes que la fille de joie rapportait à Enkidu tandis qu'au bord de l'eau ils prolongeaient leurs caresses.

note

1. Compatissante : bienveillante.

Le géant Micromégas,
dont les aventures sont racontées par Voltaire.

Tablette II

Elle tenta de lui faire oublier son désert natal et l'exhorta[1] à la suivre dans la grande ville, à la rencontre de Gilgamesh.

– Viens, lève-toi, quitte ce sol où dorment les bergers. Tu verras, tu l'aimeras comme un autre toi-même.

Les conseils de la fille de joie pénétrèrent son esprit. Il obtempéra[2]. Comme toutes les femmes de la région, elle portait deux vêtements. Elle lui donna l'un d'eux pour qu'il n'aille pas nu et se revêtit de l'autre. Elle le prit par la main comme un enfant et le conduisit vers une hutte où vivaient des bergers. Aussitôt ils s'attroupèrent autour de lui et, en chœur, s'exclamèrent :

– Comme il ressemble à Gilgamesh ! Même stature, même taille ! N'est-ce pas Enkidu, le natif du désert, celui qui ne se nourrit que de l'herbe printanière et du lait des bêtes sauvages qu'il a coutume de téter ?

Ils lui proposèrent du pain et de la bière[3]. Enkidu les regarda, méfiant, et refusa d'y goûter. La courtisane lui dit :

– Pour vivre avec les humains, Enkidu, il faut que tu manges ce pain. Et cette bière, il faut la boire, c'est l'usage ici.

Il mangea le pain et but sept chopes de bière. Le cœur joyeux, l'âme en liesse[4], son visage s'illumina. Avec de l'eau, il nettoya son corps velu, le frictionna avec de l'onguent[5]. Il commençait à ressembler à un homme. Lorsqu'il s'habilla, on eût dit un jeune marié.

notes

1. ***l'exhorta :*** l'incita.
2. ***obtempéra :*** obéit.
3. La bière est la plus ancienne boisson alcoolisée (six mille ans avant J.-C.) et le métier de brasseur l'un des plus anciens. Elle est appelée *sikaru* (« pain liquide ») par les Sumériens.
4. ***en liesse :*** remplie de joie.
5. ***onguent :*** pommade grasse.

Après avoir surmonté ses répulsions et s'être accoutumé à sa nouvelle vie, il voulut se rendre utile. Il devint le berger des pâtres[1], protégeant leur sommeil. La nuit, il mettait les loups en pièces et attaquait les lions. Ils pouvaient dormir tranquilles, ils avaient trouvé en lui un gardien d'une vigilance sans pareille.

[...]

[La 2e tablette est endommagée, mais on peut supposer que l'histoire s'inspire de ce qu'on lit sur une autre tablette écrite six cents ans auparavant : Enkidu arrive à Uruk et, profondément révolté, découvre une des traditions de la ville selon laquelle, le jour de son mariage, chaque jeune épouse appartient d'abord à Gilgamesh avant de rejoindre son mari. Une noce est justement sur le point d'être célébrée.]

Au moment où le souverain voulut se rendre à la cérémonie de noce, Enkidu s'immobilisa dans la rue et lui barra la route. De toutes ses forces, il s'élança contre Gilgamesh, bloquant la porte de son pied, et empêcha le souverain d'entrer. Le combat commença, ils s'empoignèrent comme des athlètes, s'arc-boutant tels des taureaux. Dans la lutte, ils démolirent le seuil, arrachèrent les jambages[2] et firent trembler les murs. Au bout d'un moment, Gilgamesh fut immobilisé et mit un genou à terre, sa colère retomba et il céda devant son adversaire. Alors Enkidu lui dit :

– C'est un être d'exception que ta mère, Ninsuna la Bufflesse, a mis au monde. On a élevé ta tête au-dessus de celles des autres hommes, même de ceux qu'on s'apprête à marier. Enlil t'a assigné[3] la royauté sur tous les peuples.

notes

1. pâtres : bergers.

2. jambages : montants des portes.

3. assigné : donné sans possibilité de refuser.

Le monarque, ayant entendu ces paroles, comprit qu'il s'agissait du compagnon qui lui avait été annoncé dans ses rêves. Il proposa à Enkidu un pacte d'amitié et décida de le présenter à sa mère.

Ninsuna la Bufflesse le reçut et dit à son fils :

– J'ai appris qu'Enkidu s'était plaint amèrement de ta conduite et qu'il t'avait affronté.

– C'est vrai, lui répondit-il. Debout devant la porte de la maison nuptiale[1], il s'est interposé, m'empêchant d'y entrer. Devant mon peuple, il s'est plaint, avec aigreur, de ma conduite. Mais il faut savoir que l'homme qui est ici devant toi, Enkidu, n'a eu ni père ni mère. Regarde sa chevelure, elle flotte librement sur ses épaules. Mis au monde dans la steppe, nul ne l'a élevé. Mais regarde-le bien, cet homme est un délice, mère, accueille-le avec bienveillance.

Enkidu, qui assistait, immobile, à ce dialogue, fut saisi et ému. Son cœur envahi par le chagrin, ses yeux emplis de larmes, les bras sans force, toute vigueur l'ayant abandonné, il se sentit brusquement abattu. Alors Gilgamesh, se penchant vers son nouvel ami, lui demanda :

– Pourquoi tes yeux se remplissent-ils de larmes, pour quelle raison ton cœur est-il serré par le chagrin, et toi si abattu ?

– À force de me lamenter, mon ami, ma nuque est devenue toute raide, mes bras sont sans force et ma vigueur anéantie.

Alors leurs mains se rejoignirent et ils s'enlacèrent. Ayant découvert dans quel état de détresse était plongé celui qu'il considérait désormais comme un frère, Gilgamesh tenta de

note

1. maison nuptiale : maison des mariés.

lui redonner des forces en lui proposant de réaliser ensemble un exploit :

– Si les enfants ont été mis au monde, ce n'est pas pour rester inactifs. Enkidu, partons ensemble jusqu'à la forêt de Cèdres, ce lieu mystérieux interdit aux humains. C'est là que demeure Humbaba, l'ogre chargé par les dieux des Tempêtes[1] d'en être le gardien féroce. Toi et moi, nous irons là-bas, nous couperons les cèdres pour pénétrer dans la forêt et nous abattrons cet être funeste[2], le rayant de la surface de la Terre.

Mais Enkidu, toujours abattu, lui répondit :

– Aller trouver Humbaba et le vaincre, hélas mon ami, c'est impossible. Lorsque je vivais dans le désert, j'ai appris que le périmètre de la forêt de Cèdres s'étend sur près de six cents kilomètres ! Qui pourrait y pénétrer ? Il nous faudrait d'abord triompher du monstre qui en est le gardien. Humbaba ! Lorsqu'il hurle, c'est le Déluge ! Sa bouche, c'est le feu ! Son souffle, c'est la mort ! Pourquoi te mettre en tête pareille entreprise ? C'est un combat perdu d'avance.

[...]

[La tablette est encore endommagée, mais, si l'on se réfère à une version plus ancienne, on peut penser que Gilgamesh parvient à entraîner son ami et que tous deux se rendent à la forge pour demander les armes dont ils ont besoin.]

Après s'être concertés, les artisans forgerons décidèrent de créer des armes à la mesure de ces géants. Ils coulèrent des haches et des cognées[3] de soixante kilos chacune, des épées

notes

1. Il s'agit notamment d'Enlil. ***2. funeste :*** porteur de mort. ***3. cognées :*** grosses haches.

et des baudriers[1] du même poids. Les deux hommes porteraient trois cents kilos d'armes chacun.

Gilgamesh s'adressa alors aux jeunes guerriers d'Uruk pour annoncer à tous son projet :

– Je me sens assez fort pour affronter ce combat incertain. Souhaitez-moi bonne route. Je serai de retour pour la fête du Nouvel An[2] et j'entrerai dans Uruk par la grande porte. La fête de l'Akitu ne peut se célébrer qu'en ma présence. N'ayez crainte, je reviendrai à temps pour mener le cortège vers la chapelle de l'Akitu, accompagné par la musique et les cris de joie.

Devant l'excitation des jeunes guerriers et l'enthousiasme populaire, Enkidu ne savait plus comment calmer Gilgamesh. Inquiet, il alla demander aux Anciens de retenir son ami :

– Les jeunes gens d'Uruk l'encouragent, mais vous qui détenez la sagesse, dites-lui de ne pas se rendre dans cette forêt. Cette expédition est de la folie. Gilgamesh n'est qu'un homme, alors que celui qui est chargé par les dieux de la défendre est un monstre sans pitié.

Les Anciens mirent en garde le souverain :

– Tu es jeune, Gilgamesh, et tu te laisses déborder par ta fougue ! Comprends-tu seulement ce dont tu parles ? Quelle légèreté ! Un papillon t'aurait-il donné le jour ? Sais-tu seulement qui est Humbaba ? Lorsqu'il crie, l'épouvante te saisit ! De sa bouche jaillit un feu mortel ! Son visage est terrible et monstrueux, ses yeux énormes et saillants, son

notes

1. ***baudriers :*** bandes qui, mises en bandoulière, permettent de porter une épée.

2. L'Akitu est une grande fête annuelle, la plus importante du calendrier religieux ; une procession se rendait jusqu'au sanctuaire dédié à cette fête.

nez camus[1] et, autour de sa bouche, une barbe sinueuse lui donne un air terrifiant. Il perçoit le moindre bruit de la forêt sur six cents kilomètres ! Qui donc pourrait y pénétrer ? Même les Igigi, ces dieux infernaux[2], n'osent pas s'y aventurer, car c'est pour semer la terreur que les dieux l'ont créé afin de protéger les cèdres.

[...]

notes

1. camus : se dit d'un nez court et plat.

2. infernaux : du monde souterrain ou monde des Morts.

Au fil du texte

Questions sur les pages 7 à 21

Avez-vous bien lu ?

1. Comment s'appellent les personnages suivants ? Précisez si ce sont des dieux, des déesses, ou des êtres humains.

a) Le père des dieux.

b) La créatrice de l'humanité.

c) Le père de Gilgamesh.

d) La mère de Gilgamesh.

e) Personnage créé pour rivaliser avec Gilgamesh.

f) Courtisane envoyée pour séduire Enkidu.

g) Roi tyrannique d'Uruk.

2. Classez les événements suivants dans l'ordre chronologique :

a) Les gazelles fuient Enkidu.

b) Aruru réalise avec de l'argile la créature qu'Anu lui a commandée.

c) Enkidu et Gilgamesh se battent.

d) Enkidu mange pour la première fois du pain et boit de la bière.

e) La Joyeuse séduit Enkidu.

f) Un chasseur découvre l'existence d'Enkidu.

g) Gilgamesh propose à Enkidu d'affronter avec lui Humbaba.

h) Enkidu est envahi par le chagrin.

i) Les hommes se plaignent aux dieux de Gilgamesh.

j) Enkidu se rend à Uruk.

3. De quoi vivait Enkidu avant d'entrer en contact avec le monde des hommes ?

4. Quel est le premier être humain rencontré par Enkidu ?

5. Pourquoi les hommes se plaignent-ils de Gilgamesh ?

6. Pourquoi le chasseur se plaint-il d'Enkidu ?

L'OUVERTURE DU RÉCIT ÉPIQUE* (L. 1 À 18, PP. 7-8)

7. Relevez la phrase où figure pour la première fois le nom de Gilgamesh. Qu'apprend-on à son sujet ?

8. Combien de pronoms désignent Gilgamesh avant cette phrase ? Précisez la classe grammaticale* de ces pronoms. Quel est l'effet produit sur le lecteur ?

9. *« Il était à la fois la digue puissante gardant ses troupes et le violent raz-de-marée détruisant les murs de pierre »* : relevez, dans cette phrase, les deux adjectifs qualificatifs, puis donnez leur fonction et montrez en quoi leurs significations diffèrent.

10. Dans la même phrase, relevez les deux verbes au participe présent. En quoi s'opposent-ils ? Qu'en déduit-on à propos de Gilgamesh ?

11. Quel est le temps dominant dans ce passage ? Justifiez son emploi.

récit épique : **épopée.**

classe grammaticale : **nature (pronom relatif, pronom personnel...).**

L'ÉLÉMENT PERTURBATEUR*

12. Quel est le premier verbe au passé simple dans le récit ? Justifiez son emploi.

13. En quoi ce verbe constitue-t-il l'élément perturbateur qui va déclencher les péripéties qui suivent ?

DES ACTIONS HÉROÏQUES

14. Pourquoi Enkidu se bat-il contre Gilgamesh ? Vous présenterez deux raisons en vous appuyant sur le texte.

15. Qui est Humbaba ? Comment est-il présenté ?

16. Quelles sont les difficultés du projet que Gilgamesh présente à son ami Enkidu ?

17. Pourquoi Gilgamesh veut-il affronter Humbaba ?

LE HÉROS ÉPIQUE

18. En vous appuyant sur le texte, montrez que Gilgamesh et Enkidu sont présentés comme égaux mais que, pourtant, Gilgamesh occupe le premier plan de l'épopée*.

19. En quoi Gilgamesh et Enkidu ressemblent-ils aux hommes ordinaires ?

20. En quoi ces deux héros sont-ils hors du commun ?

élément perturbateur : **dans le schéma narratif, événement qui vient rompre l'équilibre de la situation initiale.**

épopée : **long récit à la gloire d'un héros qui accomplit des exploits au nom d'un peuple.**

La présence des dieux

21. Quels sont les différents dieux évoqués successivement dans le passage ? Quels rôles respectifs tiennent-ils ?

22. En relevant des expressions dans le texte, montrez que les dieux ne vivent pas au milieu des hommes mais savent néanmoins ce qui se passe à Uruk.

23. En quoi les dieux ressemblent-ils aux hommes ? en quoi sont-ils différents ?

Le thème de l'amitié (l. 226 à 287, pp. 17-19)

24. Qui, de Gilgamesh ou d'Enkidu, remporte le combat ? En quoi les propos du vainqueur constituent-ils le point de départ de l'amitié des deux héros ?

25. Comment s'exprime l'amitié des deux personnages ?

Lire l'image

26. Les géants ont souvent inspiré les écrivains et les illustrateurs. Comment la gravure (p. 15) illustrant *Micromégas*, un célèbre conte de Voltaire, rend-elle compte du gigantisme du personnage au premier plan ?

À VOS PLUMES !

27. L'affrontement entre Enkidu et Gilgamesh finit par une réconciliation qui est le point de départ d'une solide amitié. À votre tour, racontez une histoire au cours de laquelle une dispute entre deux enfants débouche sur une véritable amitié. Votre récit sera écrit à la 3e personne et vous y insérerez du dialogue.

Tablette III

Voyant qu'ils ne parviendraient pas à le convaincre de renoncer à son expédition, les Anciens lui prodiguèrent leurs conseils :

– Ne te fie pas à tes forces, Gilgamesh, ajuste bien ton regard afin que tes coups portent. Vous serez deux, celui qui marchera le premier peut sauver son compagnon, celui qui connaît l'itinéraire est une protection pour son ami. Enkidu devra marcher en tête car il connaît le chemin de la forêt de Cèdres. Habitué au combat, maître en matière de lutte, il te protégera, quitte à se jeter le premier dans les chausse-trapes[1]. Devant l'assemblée, Enkidu, nous te confions solennellement notre roi. Tu devras nous le ramener sain et sauf.

Gilgamesh prit Enkidu par la main et l'emmena faire ses adieux à Ninsuna, la grande reine, sa mère.

– Allons, ami, lui dit-il, rendons-nous au sublime palais de Ninsuna. Elle, si sage, intelligente et sachant tout, saura nous indiquer l'itinéraire le plus prudent pour notre expédition.

Il lui dit :

– Ninsuna, je me sens assez fort pour franchir la longue route qui mène à Humbaba et pour l'affronter dans un combat incertain. Je crois pouvoir me lancer dans cette aventure hasardeuse et revenir de la forêt de Cèdres ayant immolé[2] Humbaba le Féroce et éliminé cet être funeste de la Terre. D'ailleurs, Samash, le dieu du Soleil, le déteste et m'encourage à agir ainsi.

notes

1. ***chausse-trapes*** **:** pièges consistant en un trou recouvert.

2. ***immolé*** **:** sacrifié.

Ninsuna se retira en ses appartements, se purifia pour pouvoir s'adresser à un dieu supérieur. Elle enfila une robe qui soulignait ses formes, s'orna d'un collier mettant en valeur sa poitrine, posa sur la tête son diadème et, ainsi parée, elle s'élança sur la terrasse du palais. Là, devant Samash, elle disposa un brûle-parfum et lui présenta une offrande. Puis, les mains levées vers lui, elle s'écria :

– Pourquoi, m'ayant attribué Gilgamesh pour fils, lui as-tu assigné[1] une âme aussi infatigable ? Voilà que maintenant tu l'incites à franchir la longue route qui mène à Humbaba, cet être funeste que tu hais. Mais toi, tandis que tu convoleras[2] avec Aya, ta jeune épouse, accepteras-tu de protéger la vie de mon propre fils, de la confier aux gardes de la nuit, aux étoiles du soir ?

Puis, ayant éteint l'encensoir[3], elle s'adressa à Enkidu pour lui faire part de ses volontés :

– Puissant Enkidu, tu n'es pas sorti de mon sein, mais à présent je t'adopte solennellement. Au nom des filles de dieux qui entourent Gilgamesh, des prêtresses, des consacrées[4] et des hiérodules[5], je t'adjure[6] de ramener Gilgamesh, mon fils. Sache que c'est pour cette mission que je t'adopte.

Enkidu répondit :

– Je m'engage à protéger mon ami et à le sauvegarder. Ce roi que vous me confiez, je le ramènerai, que le voyage dure un mois ou qu'il dure une année, pour le remettre entre vos mains.

[...]

notes

1. assigné : attribué.
2. convoleras : te marieras.
3. encensoir : objet qui permet de brûler l'encens, un parfum destiné à honorer les dieux.
4. consacrées : religieuses.
5. hiérodules : dans l'Antiquité, serviteurs attachés à un temple.
6. t'adjure : te supplie.

Tablette IV

Ils[1] partirent pour cette longue marche. Au bout de deux cents kilomètres, ils mangèrent. Puis, après trois cents autres, ils bivouaquèrent[2]. Ils avaient ainsi parcouru cinq cents kilomètres en un jour. Habituellement, ce trajet prend un mois et demi. Ils atteignirent le mont Liban en trois jours. Alors, se prosternant devant Samash, ils creusèrent un puits. Gilgamesh monta au sommet de la montagne et versa de la farine à brûler pour le dieu Soleil en disant :

– Montagne, fais venir en moi un songe qui soit une promesse de bonheur.

Enkidu exécuta alors un rituel magique pour Gilgamesh, il lui aménagea un abri pour la nuit tandis qu'une tempête passait, puis il le fit se coucher et l'enferma dans un cercle enchanté. Comme se courbe l'orge des champs lorsque le Soleil disparaît, Gilgamesh, ayant appuyé son menton sur ses genoux, sentit le sommeil qui se déverse sur les hommes tomber sur lui. À minuit, il se réveilla brusquement, se leva et raconta à son ami le songe qu'il venait de faire :

– Nous étions dans les ravins d'une gorge montagneuse. Brusquement, la montagne, dans une terrible avalanche, s'est écroulée sur nous. Nous nous sommes alors envolés, pareils à des mouches de roseaux.

Enkidu interpréta le songe :

– Mon ami, ce rêve est excellent ! La montagne que tu as vue signifie que nous nous emparerons de Humbaba, que nous l'immolerons et que nous jetterons son cadavre dans la

notes

1. Gilgamesh et Enkidu.

2. ***bivouaquèrent :*** établirent leur campement pour la nuit.

plaine. Demain, Samash nous apprendra une bonne nouvelle.

Ils reprirent leur marche. Après deux cents kilomètres, ils s'arrêtèrent pour manger, puis s'endormirent. Gilgamesh, réveillé en sursaut, raconta son deuxième rêve :

– Au cœur du sommeil que concèdent[1] les dieux, j'ai vu un songe étrange, fascinant et troublant, à la fois effrayant et bouleversant. Je luttais, corps à corps, avec un buffle sauvage. En mugissant, de ses sabots il fendait le sol, soulevant un nuage de poussière qui obscurcissait le Ciel. Je cédais devant lui, pliant le genou, lorsque quelqu'un me prit la main. Me saisissant par le bras, il dégagea mon corps écrasé par le buffle. Brusquement, je vis un autre homme dégainer sa dague[2] et poser la lame sur ma tempe puis sur ma joue. Ensuite, il me fit boire l'eau de son outre.

Enkidu interpréta le rêve[3] :

– Pour le premier, il s'agit de l'être surnaturel, du dieu vers lequel nous nous rendons. Ce buffle n'est pas du tout un présage hostile, il n'est autre que le Samash-Protecteur, le dieu Soleil-Resplendissant. Dans les épreuves, en plein danger, il nous prendra la main. Le second, celui qui t'a fait boire l'eau de son outre, c'est ton dieu paternel, ton divin patron, Lugalbanda[4], qui prend soin de toi et, de sa dague, honore ta personne. Si nous agissons sous leur protection, Gilgamesh, nous accomplirons ensemble quelque chose d'unique, une prouesse inouïe, jamais réalisée en ce monde.

notes

1. *concèdent :* accordent.
2. *dague :* petite épée.
3. La 4e tablette étant fort endommagée, il s'agit d'une reconstitution de l'interprétation du deuxième rêve.
4. Lugalbanda est l'ancien roi d'Uruk, divinisé.

[Les deux héros continuent d'avancer par étapes de 200 km et le texte expose à nouveau le rituel qui permet de recevoir le rêve prémonitoire.]

[...] Gilgamesh fut une troisième fois brusquement tiré de son sommeil :

– Enkidu ! Tu ne m'as pas appelé ? Pourquoi suis-je éveillé ? Tu ne m'as pas touché ? Pourquoi suis-je troublé ? Un dieu est-il passé, ou était-ce un fantôme ? Pourquoi ma chair frissonne-t-elle ? Mon ami, je viens d'avoir un troisième songe tout à fait bouleversant. Les cieux tonnaient, la terre grondait. Puis la tempête a fait place à un silence de mort. Le jour faiblissait, puis les ténèbres descendirent, enfin l'obscurité survint. Un éclair de foudre déclencha un incendie. Sur les flammes se mit à pleuvoir de la mort. Puis le brasier s'effondra sur lui-même et fut réduit en cendres.

Gilgamesh raconta ensuite un quatrième songe :

– J'ai vu en rêve un colosse, son visage avait l'aspect du gypse[1], sa taille était immense, les touffes de sa barbe drues comme des orges. À peine avions-nous pénétré dans la forêt que la bataille avec lui se déclencha, tandis que tu regardais, fasciné, l'éclat surnaturel d'un être très vieux.

Enkidu lui expliqua :

– Ce Humbaba que ton âme redoute tant, tu te mesureras longuement à lui, et tu l'abattras comme un taureau. De toute ta vigueur, tu lui couperas la tête. Quant au vieillard qui t'est apparu, c'est peut-être Wer, ton dieu, celui qui déclenche les ouragans ou bien ton géniteur : Lugalbanda.

note

1. *gypse* : pierre blanche.

Mais Gilgamesh poursuivit :

– J'ai vu un autre songe encore plus terrible que les précédents. Je regardais Anzu dans le Ciel, l'aigle colossal à tête de lion qui incarne les forces du Chaos. Il avait dérobé la tablette des Destins, celle qui gouverne le sort des dieux et des hommes. Sur elle étaient inscrits les caractéristiques et le devenir de chaque être. L'aigle s'est alors enfui dans la montagne, provoquant l'immobilité et le silence de tout l'univers. Ninurta, le dieu de la Guerre, après un premier assaut infructueux[1], réussit à le priver de la parole puis, lui ayant ôté le pouvoir de changer les destinées grâce aux conseils d'Enki-Ea, le dieu de la Magie, il parvint à le terrasser et à le mettre à mort. Anzu s'élança pour planer au-dessus de nous comme un nuage menaçant. Son aspect était monstrueux, sa bouche était du feu, son haleine, la mort. Un gaillard[2] passa devant mes yeux et mes mains réussirent à empoigner ses ailes.

Enkidu interpréta :

– C'est moi que tu as vu dans ton rêve car je te soutiendrai contre lui. Quant au gaillard, il n'est autre que Samash le Tout-Puissant.

Après trois jours, ils atteignirent la montagne de Cèdres. Devant Samash, les larmes de Gilgamesh coulaient.

– La promesse que tu as faite à Ninsuna, ma mère, rappelle-t'en : assiste-moi ! exauce-moi !

Samash entendit ces paroles, et lui qui voit tout s'aperçut que Humbaba ne s'était pas encore préparé. Depuis le Ciel, il fit entendre sa voix à Gilgamesh pour le prévenir :

notes

1. ***infructueux :*** sans succès.

2. ***gaillard :*** personne vigoureuse.

– Talonne-le rapidement, fais-le maintenant, qu'il n'ait pas le temps de descendre dans la forêt. Empêche-le de regagner son repaire, de pénétrer dans les fourrés pour s'y cacher. Il n'a pas encore revêtu ses sept manteaux enchantés, ses sept cuirasses, il n'en porte qu'une et s'est débarrassé des six autres.

Alors ils foncèrent comme des buffles furieux. Mais le gardien de la Forêt vociféra[1]. Ce premier cri les emplit de terreur. Puis il hurla de plus belle. Enkidu retrouvait ses anciennes frayeurs. Gilgamesh tentait de le rassurer :

– Descendons ! C'est un terrain glissant, on ne peut pas y marcher seul. Mais à deux, c'est possible. Deux lionceaux sont plus forts qu'un seul lion. On ne peut rompre une cordelette à trois nœuds[2].

Enkidu fut à nouveau envahi par le désarroi[3] :

– Quand bien même[4] je parviendrais à descendre, à m'introduire dans la forêt pour ouvrir le chemin, mes bras, mes membres resteront paralysés.

Gilgamesh répondit :

– Pourquoi nous laisser aller à tant de faiblesse ? Nous avons franchi tous les obstacles, le terme[5] du voyage est proche. Toi, Enkidu, mon ami, expert au combat, familier des batailles, frotte-toi le corps de plantes magiques et tu ne craindras plus la mort. Fais retentir ta voix comme un tambour, rugis à pleine voix, fais-la mugir[6] comme une tornade. Éloigne la paralysie de tes bras, la faiblesse de tes

notes

1. ***vociféra :*** cria.
2. Il s'agit ici d'une cordelette à trois brins, chaque brin représentant un ami ; c'est une façon de dire que l'union fait la force.
3. ***désarroi :*** désespoir.
4. ***Quand bien même :*** même si.
5. ***terme :*** fin.
6. ***mugir :*** pousser un cri (pour un bovin).

genoux. Donne-moi la main, ami, marchons ensemble. Que ton cœur brûle à l'idée du combat ! Méprise la mort, ne pense qu'à la vie ! Celui qui veille sur quelqu'un[1] doit être à toute épreuve ! Qui marche devant l'autre le préserve et sauvegarde son compagnon. Jusqu'à nos plus lointains descendants, nous aurons acquis la gloire.

Ils arrivèrent à la lisière de la forêt et restèrent là, immobiles et muets.

note

1. Enkidu a été chargé de veiller sur Gilgamesh.

Tablette V

Ils contemplèrent alors la hauteur des cèdres et examinèrent longuement comment entrer dans la forêt. Un sentier avait été creusé par les allées et venues de Humbaba. Le chemin était frayé[1], la marche était facile, une route toute droite au bout de laquelle on apercevait, au loin, la montagne de Cèdres, résidence des dieux. Sur le versant de la montagne, les cèdres déploient leur luxuriance[2], leur ombrage délicieux, empli de parfums suaves[3]. Les buissons s'y entrelacent d'essences précieuses dégageant des substances aromatiques.

La forêt est entourée d'un premier fossé, large de dix kilomètres, puis d'un second de sept kilomètres. Ils les franchirent et entrèrent dans la forêt. Ils avançaient au milieu des arbres, attentifs au moindre bruit, lorsque tout à coup ils se retrouvèrent face à Humbaba. Le monstre ne cria pas, mais il les menaça de la malédiction d'Enlil qui avait interdit aux hommes d'y pénétrer. Gilgamesh fut impressionné, mais Enkidu lui rappela ses propres paroles, et l'exhorta au courage. Humbaba lui dit :

– Des fous et des inconscients t'auraient-ils conseillé, Gilgamesh, de venir m'affronter ? Et toi, Enkidu, qui n'es qu'un enfant trouvé, semblable aux œufs des poissons, qui n'as jamais connu ton père et, pas plus que les tortues, n'as jamais tété ta mère[4]. En ton jeune âge, je t'observais, mais je me suis bien gardé de te fréquenter. À présent, si je te tuais,

notes

1. *frayé* : ici, dégagé.
2. *luxuriance* : végétation abondante.
3. *suaves* : doux.
4. Enkidu a été créé à partir d'un peu d'argile par la déesse mère Aruru. Il n'est pas de sang royal, contrairement à Gilgamesh.

j'en aurais l'âme bien épanouie. Car c'est toi qui as conduit Gilgamesh jusqu'ici. Ne vois-tu pas que ce Gilgamesh est un étranger furieux, un ennemi ! J'aurais dû depuis longtemps lui déchirer la gorge et le donner en pâture[1] aux serpentaires[2], aux aigles et aux vautours !

Gilgamesh dit alors à Enkidu qu'il n'était plus très sûr de reconnaître Humbaba, qu'il semblait avoir changé de visage.

– Pourquoi donc, mon ami, lui répondit Enkidu, chuchotes-tu ainsi, la main devant la bouche et la tête basse, en te cachant ? À présent, il n'y a plus qu'une issue : quand le vin est tiré il faut le boire. Si tu veux faire un carnage et frapper de grands coups, il n'est plus temps d'hésiter, trop tard pour quitter ces lieux, trop tard pour s'en retourner.

Gilgamesh reprit courage. Affrontant Humbaba, il le frappa à la tête. Ils piétinaient le sol, le martelaient de leurs talons, disloquant par leurs saccades[3] l'Hermon et le Liban[4], au point qu'ils finirent par créer cette crevasse profonde que l'on appelle « la grande fosse syrienne ». La nuée[5] claire devint sombre ; comme un brouillard, la mort les enveloppait.

Samash[6] fit lever de grandes tempêtes contre Humbaba et le fit assaillir par les treize vents : du nord, du sud, de l'est, de l'ouest, souffleur, rafales, tourbillons, mauvais, poussière, mortifère[7], gel, tempête et tornade[8].

notes

1. *donner en pâture :* donner pour nourriture.
2. *serpentaires :* rapaces qui se nourrissent de reptiles ; il s'agit peut-être ici d'oiseaux-dragons.
3. *saccades :* mouvements brusques.
4. *l'Hermon et le Liban :* deux massifs montagneux séparés par une crevasse.
5. *nuée :* nuage.
6. *Samash :* dieu du Soleil, favorable à Gilgamesh.
7. *mortifère :* mortel.
8. Les anciens Mésopotamiens ont toute une mythologie des vents qui attribue à chacun d'eux une force destructrice spécifique.

À portée des armes de Gilgamesh, Humbaba ne pouvait plus ni reculer, ni avancer. Son visage s'assombrit. Il tenait à la vie, il essaya de l'amadouer[1] :

– Tu as été enfant, tu as été mis au monde par ta mère et tu descends de Lugalbanda. Si tu t'es élevé au-dessus des hommes, c'est grâce à Samash, roi de cette montagne. Souverain Gilgamesh, rejeton du cœur d'Uruk, je serai à tes ordres et je te livrerai autant d'arbres que tu m'en commanderas. Je réserverai pour toi les myrtes[2], et tous les bois destinés à embellir les édifices de ta ville...

Mais Enkidu le mit en garde :

– N'écoute pas ses discours, ne réponds pas à ses prières.

Voyant qu'Enkidu était le pire de ses ennemis, Humbaba lui dit :

– Tu es au courant du projet de Gilgamesh et de son dessein[3] concernant ma forêt, et tu sais comment lui parler pour l'infléchir[4]. J'aurais pu t'égorger, Enkidu, tu le sais, et à présent il est en ton pouvoir de me sauver. Persuade Gilgamesh de me laisser la vie.

Mais Enkidu n'en démordait pas :

– Achève-le, égorge-le, écrase-le avant qu'Enlil n'entende son appel et que les grands dieux ne soient furieux contre nous de nous en prendre à celui qu'ils ont établi ici[5]. Gilgamesh, accomplis ta gloire éternelle, celle d'avoir vaincu Humbaba ! Mon ami, si tu attrapes un oiseau, où vont ses petits ? Débarrassons-nous d'abord de Humbaba,

notes

1. ***l'amadouer :*** l'adoucir par la flatterie, afin d'obtenir ses bonnes grâces.
2. ***myrtes :*** arbustes à fleurs blanches.
3. ***dessein :*** projet.
4. ***l'infléchir :*** modifier sa décision.
5. Les dieux ont aidé les deux héros à immobiliser le gardien de la Forêt pour pouvoir emporter des cèdres ; mais ils ne veulent pas de cette mise à mort du géant. Cet événement est sans doute à l'origine de ce qui arrive ensuite aux deux amis.

après nous nous occuperons de ses fulgurances[1]. Comme des oisillons, elles se seront égaillées[2] dans l'herbe. Frappe-le en premier et après tu pourras abattre ses défenses.

Humbaba se sentit perdu et il lança une malédiction sur ses deux adversaires :

– Qu'ils ne connaissent jamais la vieillesse, ni l'un ni l'autre ! Qu'Enkidu, comme son ami, ne trouve jamais de salut !

Voyant que Gilgamesh ne bougeait pas, Enkidu se décida :

– J'ai beau te parler, mon ami, tu ne m'écoutes pas, c'est donc moi qui vais expédier[3] Humbaba.

Enkidu dégaina à cinq reprises, tandis que Humbaba bondissait pour lui échapper. Il finit par le tuer à coups de pique. Aussitôt d'épaisses ténèbres s'abattirent sur la montagne.

Ayant ainsi frappé le scélérat[4], ils purent abattre les sept fulgurances et les démembrer. Gilgamesh prit sur lui, pour s'enfoncer dans la forêt, une charge de deux cent trente kilos, un filet de trente kilos et une épée de deux cents kilos. Les deux amis se mirent à abattre librement les cèdres ; Enkidu repérait les troncs les plus intéressants et Gilgamesh les abattait.

– Nous venons, dit Enkidu, d'abattre un cèdre extraordinairement élevé dont la cime perçait le Ciel. Fais-en faire un vantail[5] de porte pour le temple d'Enlil, de trente-six mètres de haut et douze de large, dont les trois pivots[6] soient de six mètres chacun. Nous le ferons flotter sur l'Euphrate[7] jusqu'à Nippur qui sera en liesse.

notes

1. Il s'agit de sept Terreurs ou de sept manteaux enchantés qui le rendent invincible.
2. égaillées : dispersées.
3. expédier : tuer.
4. scélérat : criminel.
5. vantail : panneau d'une porte.
6. pivots : gonds de la porte.
7. Voir carte p. 4.

Ils agencèrent un radeau et descendirent le fleuve. Gilgamesh portait à bout de bras, comme un trophée, la tête de Humbaba.

Pendentif représentant Enkidu entre deux buffles dressés (or mésopotamien).

Au fil du texte

Questions sur les pages 27 à 39

Avez-vous bien lu ?

1. Quelles affirmations sont vraies ?

a) Les Anciens expliquent à Gilgamesh pourquoi il doit marcher derrière son ami lors de l'expédition.

b) La forêt de Cèdres est à cinq cents kilomètres d'Uruk.

c) Les deux héros attaquent Humbaba avant qu'il ait revêtu ses sept manteaux enchantés.

d) Humbaba vocifère pour effrayer les deux amis.

e) Gilgamesh tue le gardien de la forêt de Cèdres.

f) Humbaba lance une malédiction avant de mourir.

épopée **: long récit à la gloire d'un héros qui accomplit des exploits au nom d'un peuple.**

2. Pourquoi Gilgamesh emmène-t-il Enkidu au palais de Ninsuna avant leur départ ?

3. Pourquoi Ninsuna adopte-t-elle Enkidu ?

4. Quel dieu vient en aide aux deux héros ?

5. Que rapportent Gilgamesh et Enkidu à Uruk ?

Les péripéties

6. En quoi cet épisode semble-t-il constituer une épopée* à lui tout seul ?

7. Que représente Humbaba, selon vous ?

8. Quels obstacles Gilgamesh et Enkidu rencontrent-ils ?

9. Quelle est la conséquence immédiate de la mort de Humbaba ?

10. Quelle est la dernière parole de Humbaba ? Que signifie-t-elle ? Que peut-on imaginer quant à la suite de l'histoire ?

Deux héros épiques*

11. À quels éléments voit-on que Gilgamesh est un homme hors du commun ?

12. Dans le passage du combat de Gilgamesh contre Humbaba (l. 551 à 557, p. 36), relevez les verbes qui expriment une action violente et indiquez leur sujet quand c'est possible ; précisez leur temps et justifiez son emploi.

13. Dans ce même passage, montrez, en vous appuyant sur le texte, que le combat a des effets hors du commun.

14. Relevez les mots ou expressions qui évoquent la peur éprouvée par les deux personnages. Que peut-on en déduire à propos des héros ?

L'amitié

15. Relevez les phrases qui montrent que l'amitié rend plus fort devant les difficultés.

16. Dans la réplique de Gilgamesh (l. 499 à 506, pp. 33-34), relevez les marques de la 1re personne du pluriel et donnez leur classe grammaticale*. En quoi l'emploi de cette personne contribue-t-il à exprimer l'amitié des deux héros ?

17. Dans la même réplique, quel est le mode verbal* dominant ? Justifiez son emploi.

18. Relevez, dans les propos d'Enkidu, les verbes au même mode. Quel est l'effet produit ?

19. Quelle stratégie Humbaba adopte-t-il pour repousser ses ennemis ? Pourquoi n'est-elle pas efficace ?

héros épiques : **héros d'une épopée.**

classe grammaticale : **nature (nom, pronom, verbe...).**

mode verbal : **on distingue les modes personnels (indicatif, conditionnel, subjonctif et impératif) et les modes impersonnels (infinitif, participe et gérondif).**

LA PLACE DES DIEUX

20. À quoi voit-on que la forêt de Cèdres est une région surnaturelle ?

21. Quels dieux sont successivement évoqués au fil du passage ? Quel est leur rôle ?

22. Qu'est-ce qui fait de Humbaba une créature surnaturelle sans être pour autant un dieu ?

23. Quel dieu soutient Humbaba ? Quel dieu cherche à lui nuire ? Que peut-on en déduire quant aux dieux mésopotamiens ?

À VOS PLUMES !

24. C'est en se soutenant mutuellement que Gilgamesh et Enkidu parviennent à vaincre le terrible Humbaba. À votre tour, racontez une scène au cours de laquelle deux ami(e)s s'épaulent mutuellement pour surmonter une difficulté. Votre récit sera écrit au passé et vous y insérerez du dialogue.

Tablette VI

Revenu à Uruk, Gilgamesh lava sa crinière, se mit un bandeau propre, secoua sa chevelure dans le dos. Il quitta ses habits sales pour en revêtir de propres, s'enveloppa d'une large tunique qu'il ceignit d'une écharpe. Quand il eut coiffé sa couronne, Ishtar fut éblouie et séduite par sa beauté.

– Viens, Gilgamesh. Sois à moi. Offre-moi ta volupté, tu seras mon mari et je serai ta femme. Je ferai atteler pour toi un char d'or et de lazulite[1], avec des roues en or pur, aux rênes d'ambre[2], attelé de coursiers fringants[3]. Tu entreras dans notre palais aux senteurs de cèdre. Les prêtres purificateurs d'Aratta[4], la ville où abondent les richesses les plus précieuses et les plus hauts dignitaires du clergé, te baiseront les pieds. Les rois, les seigneurs et les princes se prosterneront devant toi, t'apportant en tribut[5] les produits des montagnes et de nos terres. Tes chèvres ne mettront bas que des triplés et tes brebis que des agneaux jumeaux, tes ânons dépasseront à la charge les mulets[6] adultes, tes chevaux de char triompheront à la course et tes bœufs, sous le joug[7], n'auront pas leur pareil.

Gilgamesh lui répondit sans ambages[8] :

– Combien devrai-je te payer ? Que devrai-je te donner si je t'épouse ? Te faudra-t-il parfums et garde-robes ? Devrai-je te nourrir de chair divine, t'offrant provisions et victuailles, te désaltérer de breuvages royaux ? Si j'avais le

notes

1. lazulite : lapis-lazuli, pierre bleue.
2. ambre : résine fossile.
3. coursiers fringants : chevaux rapides.
4. Aratta : dans les légendes sumériennes, riche cité avec laquelle les rois successifs d'Uruk sont en conflit.
5. tribut : cadeau, signe de soumission.
6. mulets : animaux résultant du croisement d'un âne et d'une jument.
7. joug : pièce de bois qui permet d'atteler les bœufs.
8. sans ambages : sans détours.

malheur d'accepter, le démon me ligoterait dans ses liens magiques pour les siècles des siècles. Non, je ne te veux pas pour épouse car tu n'es qu'un brasier que le froid éteint, une porte branlante qui n'arrête ni les courants d'air ni les vents, une forteresse qui s'écroule sur ses plus braves défenseurs, un éléphant qui jette à bas son harnachement, une souris qui ronge sa tanière, un morceau de bitume[1] qui souille qui le touche, une outre qui se vide sur celui qui la porte, une fondation qui fait s'écrouler le mur qu'elle porte, un bélier[2] qui ne détruit que les remparts alliés, un soulier qui blesse le pied du marcheur. Y a-t-il un seul de tes amants que tu aurais vraiment aimé, un seul de tes favoris qui aurait échappé à tes pièges ? Viens, que je te récite le triste sort de tes amoureux. Tammuz, l'amant de ta jeunesse, auquel est vouée une déploration[3] annuelle depuis que tu l'as expédié à ta place aux Enfers. Allallu, l'oiseau bigarré[4], lui aussi tu l'as aimé. Puis, subitement, tu l'as frappé, lui brisant les ailes, et le voilà, errant dans les bois, piaillant : « Mes ailes ! » Le Lion à la vigueur incomparable, tu l'as aimé. Jusqu'au moment où tu creusas des pièges, lui tendant embûches sur embûches. Tu aimas aussi le Cheval, dressé pour le combat, mais tu l'as voué au fouet, à l'éperon et à la bride. Tu l'as condamné à des courses sans fin, à ne boire que l'eau qu'il a lui-même souillée, endeuillant sa mère Silili, la vouant aux lamentations éternelles. Tu as aussi aimé le Berger, ce gentil pâtre qui te préparait des galettes cuites sous la cendre et qui, chaque jour, immolait pour toi des chevreaux. Tu as fini par le frapper et le changer en loup. Si bien que, désormais, son

notes

1. bitume : substance dérivée du pétrole que l'on trouve à l'état naturel.

2. bélier : poutre très lourde dont on se sert pour ouvrir une brèche dans une fortification.

3. déploration : cérémonie de lamentation.

4. bigarré : de plusieurs couleurs.

propre troupeau le pourchasse et que ses chiens lui mordent l'arrière-train. [...] Et moi aussi, si tu m'aimes, tu me traiteras comme eux.

Ayant entendu tout cela, Ishtar, furibonde, grimpa jusqu'au Ciel et alla sangloter chez son père, Anu, et laissa couler ses larmes devant Antu, sa mère.

– Mon père, Gilgamesh m'a couverte d'opprobres[1], m'a jeté au visage la liste de mes outrages[2] et m'a reproché l'ignominie[3] de mes imprécations[4].

Anu rétorqua à la princesse :

– Hé, ne serait-ce pas toi qui l'aurais provoqué pour qu'il te parle ainsi ?

Ishtar lui répondit :

– Mon père, de grâce, venge-moi. Crée, pour ta fille, le Taureau-Céleste. Que je tue Gilgamesh et mette le feu à sa demeure ! Si tu refuses de me donner le Taureau-Céleste, je briserai la serrure de ton palais, puis, descendant vers les régions infernales, j'en ferai remonter les morts pour qu'ils dévorent les vivants, et il y aura plus de morts que de vivants.

Anu lui dit alors :

– Si tu obtiens de moi le Taureau, le pays d'Uruk connaîtra sept années de famine. Tu ferais donc mieux d'abord d'amonceler du grain et de faire pousser la verdure.

– Mon père, je t'ai obéi, j'ai préparé les sept années de famine en amoncelant du grain et en faisant abonder la verdure.

notes

1. opprobres : marques de déshonneur.
2. outrages : actions honteuses.
3. ignominie : déshonneur.
4. imprécations : malédictions.

Anu créa donc le Taureau. Il forma toutes ses parties en une seule fois, et remit sa longe[1] à la princesse. Elle la saisit pour faire descendre le Taureau-Céleste sur la Terre. Lorsqu'ils arrivèrent dans Uruk, son souffle augmenta, il alla au bord de l'Euphrate et, en seulement sept lampées, il l'assécha. Au premier ébrouement du Taureau s'ouvrit une crevasse. Cent, deux cents, trois cents guerriers d'Uruk y tombèrent. À sa deuxième ruade s'ouvrit une autre crevasse où cent, deux cents, trois cents habitants d'Uruk furent précipités. Au troisième mouvement du Taureau, une nouvelle crevasse s'ouvrit tout près d'Enkidu qui y tomba jusqu'à la ceinture, mais en sortit d'un bond et parvint à saisir le Taureau par les cornes. L'animal lui cracha sa bave au visage et de sa queue épaisse projeta sur lui ses excréments.

– Gilgamesh, mon ami, dit Enkidu, nous nous sommes glorieusement sortis de la forêt de Cèdres, mais comment faire face à ce nouveau péril, comment répondrons-nous aux Anciens d'Uruk ?

– J'ai observé les bêtes du désert, dit Gilgamesh, nos forces suffiront à tuer le Taureau. Je veux extraire son cœur pour l'offrir au dieu Soleil.

– Je vais le harceler, poursuivit Enkidu, je le saisirai par l'épaisseur de la queue, j'arracherai ses poils de mes deux mains pendant que toi tu te placeras devant lui et, entre le garrot[2] et les cornes, tu le frapperas de ton poignard.

Il s'exécuta. Alors Gilgamesh, en homme de métier, courageux et habile, plongea son coutelas entre son cou, ses

notes

1. longe : courroie destinée à attacher un animal domestique.

2. garrot : point saillant au-dessus des épaules de l'animal.

cornes et sa nuque. Une fois le Taureau abattu, ils lui arrachèrent le cœur qu'ils déposèrent devant Samash. Puis ils se reculèrent pour se prosterner devant le dieu Soleil, ensuite ils s'assirent côte à côte, comme des frères.

Ishtar monta alors sur les remparts d'Uruk, ayant revêtu sa tenue de deuil ; elle lança vers le Ciel une longue plainte, et déclara :

– En tuant le Taureau-Céleste, Gilgamesh m'a humiliée.

Enkidu, l'ayant entendue, arracha une patte du Taureau, puis la lui jeta au visage en disant :

– Si seulement je t'avais attrapée toi aussi, je t'en aurais fait autant et j'aurais accroché ses boyaux à ton bras.

Sceau-cylindre représentant Gilgamesh tuant le Taureau-Céleste (Syrie, XVIIe siècle av. J.-C.).

Ishtar rassembla alors les hiérodules, les prostituées, les filles de joie et les courtisanes et leur demanda de célébrer avec elle une déploration devant la patte du Taureau.

Gilgamesh convoqua les maîtres forgerons au grand complet. Ils furent impressionnés par l'épaisseur des cornes. Leur masse faisait trente kilos de lazulite et leur placage d'or un kilo. À elles deux, leur contenance était de mille huit cents litres d'huile. Les ayant introduites dans le temple du chef de sa famille, Gilgamesh les y suspendit et en fit offrande pour les onguents de Lugalbanda, son père et dieu protecteur.

Gilgamesh et Enkidu s'en furent ensuite laver leurs mains dans l'Euphrate et défilèrent en char par les rues de la ville, sous le regard des habitants rassemblés pour célébrer leur triomphe. Gilgamesh se pavanait[1] devant les femmes qui servaient au palais :

– Qui est le plus beau des gaillards ? C'est Gilgamesh ! Qui est le plus glorieux des mâles ? C'est Enkidu ! Furieux contre Ishtar, nous lui avons jeté la patte du Taureau et elle n'a pas trouvé dans la ville une seule personne pour la consoler.

Gilgamesh organisa de grandes réjouissances en son palais. Mais, tandis que tous les gaillards étaient rentrés dormir dans leurs lits, Enkidu, lui aussi endormi, eut un songe, qu'à son réveil il raconta à son ami en ces termes :

[La 6e tablette s'interrompt ici.]

note

1. se pavanait : se tenait fièrement.

Au fil du texte

Questions sur les pages 43 à 48

Avez-vous bien lu ?

1. Qui sont les parents d'Ishtar ?

2. Qui crée le Taureau-Céleste ?

3. Pourquoi Ishtar a-t-elle besoin du Taureau-Céleste ?

4. Quelle est la première action de l'animal monstrueux une fois sur Terre ?

5. Qui frappe à mort le Taureau-Céleste ?

6. À qui les deux amis offrent-ils le cœur du monstre ?

7. À qui sont destinées les cornes de l'animal céleste ?

champ lexical : **ensemble des termes se rapportant à une notion.**

Les propositions d'Ishtar (l. 624 à 636, p. 43)

8. Quels sont les modes et les temps employés dans la réplique d'Ishtar ? Justifiez leur emploi.

9. Quel est le sujet du verbe *« abondent »* ? Qu'expriment ce verbe et son sujet ?

10. Relevez le champ lexical* de la richesse. Pourquoi est-il présent dans les propos de la déesse ?

11. Par quels procédés s'exprime l'abondance dans ce passage ?

12. Quelles sont ici les intentions d'Ishtar ? Quels arguments utilise-t-elle ?

Portrait d'une déesse

Extrait des l. 638 à 672 (pp. 43-45)

13. Quelles sont les victimes successives de la séduction d'Ishtar ? Que leur est-il arrivé ? Qu'exprime cette accumulation ?

14. Quels procédés de style donnent de la force aux quatre premières phrases du discours de Gilgamesh ?

15. Relevez les subordonnées relatives* dans la phrase « *Non, je ne te veux pas* [...] *le pied du marcheur* » (l. 643 à 652, p. 44). Indiquez à chaque fois l'antécédent du pronom relatif (un des pronoms n'a pas d'antécédent).

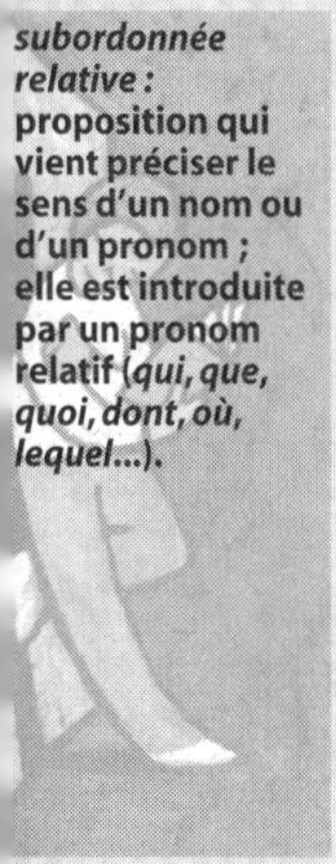

***subordonnée relative* :** **proposition qui vient préciser le sens d'un nom ou d'un pronom ; elle est introduite par un pronom relatif (*qui, que, quoi, dont, où, lequel*...).**

16. À quels éléments Gilgamesh compare-t-il la déesse ? Pourquoi, selon vous ?

17. Quel effet cette accumulation de comparaisons et de relatives produit-elle ?

Extrait des l. 673 à 732 (pp. 45-47)

18. Comment Ishtar réagit-elle au discours de Gilgamesh ? Quels aspects de son caractère son comportement révèle-t-il ?

19. En quoi peut-on dire qu'Ishtar s'est sentie doublement insultée par Gilgamesh ?

20. Comment se comporte Anu vis-à-vis de sa fille ?

Portrait d'un animal monstrueux

21. En quoi le Taureau-Céleste ressemble-t-il à un animal ordinaire ?

22. Quels éléments montrent qu'il est un géant ?

Un récit épique*

23. De quelles qualités Gilgamesh et Enkidu doivent-ils faire preuve pour vaincre le Taureau-Céleste ?

24. Dans quelle mesure peut-on dire que les deux héros épiques agissent dans l'intérêt de leur peuple ?

25. En quoi cet exploit contre le Taureau-Céleste est-il différent du combat contre Humbaba ?

26. En quoi les deux héros respectent-ils les dieux ?

27. En quoi les deux héros défient-ils les dieux ?

récit épique : **épopée, récit célébrant la gloire de héros qui représentent les valeurs de tout un peuple.**

Lire l'image

28. Comment la scène sculptée (p. 47) exprime-t-elle la puissance de Gilgamesh ?

À vos plumes !

29. Après que Gilgamesh a refusé ses avances, Ishtar est allée se plaindre à son père. Imaginez qu'elle retourne le voir pour lui raconter comment est mort le Taureau-Céleste et demander une autre vengeance. Rédigez un récit où Anu tente de la raisonner en lui montrant de nouveau qu'elle s'est mal comportée envers le roi d'Uruk. Il sera écrit au passé et vous y insérerez du dialogue.

Tablette VII

[La 7e tablette est très endommagée. On suppose que les premiers vers racontent le songe d'Enkidu annoncé dans la précédente tablette. Voici la version hittite[1] (quatre cent ans environ avant celle de Ninive) de cet épisode :]

– Écoute le rêve que j'ai fait cette nuit. Anu, Enlil, Ea et Samash le Céleste tenaient conseil, et Anu dit à Enlil : « Ils ont tué le Taureau-Céleste et Humbaba. Pour avoir commis ce double crime, celui qui a dépouillé la montagne de Cèdres devra mourir. » Mais Enlil répondit : « C'est Enkidu qui doit mourir, pas Gilgamesh. » Alors Samash le Céleste répondit à Enlil le Preux : « N'est-ce pas sur mes ordres qu'ils ont tué le Taureau-Céleste et Humbaba ? Enkidu est innocent. Devra-t-il donc mourir ? » Mais Enlil, en colère, se tourna vers Samash le Céleste : « Tu parles ainsi parce que tu n'as cessé de les rejoindre chaque jour, comme l'aurait fait un de leurs camarades. » Je gisais devant toi, poursuivit Enkidu, malade, et je vis que tes larmes ruisselaient. Je te dis : « Mon frère, mon frère chéri, on veut m'enlever à mon frère. Je vais donc devoir m'installer chez les morts, passer le seuil du trépas[2], et ne plus jamais voir de mes yeux ce frère que j'aime ! » [...]

[Dans la suite du rêve, les deux amis se rendent au temple de Nippur afin d'implorer Enlil, le souverain des dieux. Enkidu raconte à Gilgamesh qu'il s'est adressé à la porte du temple et

notes

1. hittite : civilisation et langue d'Asie Mineure (très importantes du XVIe au IIIe siècle av. J.-C. ; voir carte p. 4).

2. trépas : mort.

lui rapporte les propos qu'il a tenus. Voici ce qu'on lit sur la tablette retrouvée à Ninive :]

« Porte, issue de la futaie[1], tu n'as pas de mémoire, il n'y a pas de conscience en toi. J'ai arpenté deux cents kilomètres à la rccherche du bois dont tu es faite, jusqu'à ce que j'aie trouvé le plus élevé des cèdres, ce bois sans pareil, haut de trente-six mètres et large de douze, sur un demi-mètre d'épaisseur, avec tes pivots : central, inférieur et supérieur, de chacun six mètres. Je t'ai fabriquée, puis transportée ici, à Nippur, au temple d'Enlil. Si j'avais su, Porte, la récompense et le bienfait que tu me réservais, j'aurais brandi ma cognée pour te mettre en pièces, et c'est de tes débris que j'aurais chargé le radeau ! Puisses-tu ne pas subsister autant que tu le désires ! Qu'un roi à venir te maudisse, qu'un dieu t'anéantisse, qu'un autre efface mon nom gravé sur toi pour y mettre le sien ! » Puis, arrachant mes vêtements, je les jetai à terre.

Gilgamesh, en pleurs, lui dit[2] :

– Esprit vaste et lucide, mon ami, toi pourtant si raisonnable, tu as parlé inconsidérément[3] ! Pourquoi ton cœur a-t-il prononcé des propos aussi aberrants ? Même si ta crainte est grande et fait bourdonner tes lèvres comme des mouches, ce rêve est excellent ! Même si l'on peut comprendre que tu ressentes de nombreux sujets d'appréhension, ce rêve est parfait ! Réfléchis ! C'est aux gens bien-portants que les dieux inspirent l'angoisse, qui stimule leurs défenses. C'est donc un être en pleine santé qui a fait ce rêve angoissé. Je vais aller trouver ton dieu protecteur et, me

notes

1. ***futaie :*** forêt de grands arbres ; il s'agit ici de la forêt de Cèdres.

2. Il s'agit de la réaction de Gilgamesh au récit du rêve.

3. ***inconsidérément :*** sans réfléchir.

tournant vers lui, j'implorerai Enlil, le père des grands dieux. Pour qu'il te prenne en pitié, je lui prodiguerai de l'or, faisant de toi une image votive[1] qui portera mes prières pour toi. N'aie plus de soucis, mon ami, cet or fera des merveilles, car Enlil ne revient jamais sur les ordres qu'il donne, il ne revient jamais sur ses décisions, il n'annule jamais rien, c'est d'ailleurs ainsi que leur destin s'impose à tous les hommes.

Quand parurent les premières lueurs de l'aube, Enkidu, levant la tête vers le dieu Soleil, se mit à pleurer devant lui. Ses larmes coulaient sous les feux de son éclat.

– Je viens à toi, Samash, car le destin m'est hostile depuis que je fus arraché à la vie innocente que je menais avec les bêtes sauvages. Ce chasseur, ce trappeur poseur de lacets[2], cet homme qui ne m'a pas laissé m'épanouir autant que mes anciens compagnons, fais qu'il ne réussisse pas, lui non plus, autant que ses amis. Que son profit soit amputé et son bénéfice réduit. Que s'amenuise sa part devant toi. Que le gibier n'entre pas dans ses filets et, loin de tomber dans ses pièges, qu'il s'enfuie comme un nuage !

Après avoir maudit le chasseur tout son soûl[3], son cœur le porta à maudire aussi la prostituée, La Joyeuse, et à travers elle toutes les courtisanes :

– Viens donc, fille de joie, que je t'assigne une destinée ! Que je trace ton interminable sort, pour les siècles des siècles ! Un destin perpétuel, à jamais, que je profère[4] contre toi ! Une grande malédiction ! Que, sans délai, mes malédictions t'atteignent ! Jamais tu ne t'édifieras de foyer heureux ! Jamais tu ne cajoleras ton adoré ! Jamais tu

notes

1. *votive :* commémorative, qu'on offre à la suite d'un vœu en témoignage de son accomplissement.

2. *lacets :* sortes de pièges.

3. *tout son soûl :* autant qu'il le voulait.

4. *profère :* prononce à voix haute et claire.

n'entreras au harem des jeunes femmes ! Ton beau sein sera souillé de lie[1] de bière ! Que l'ivrogne salisse tes atours[2] de ses vomissements ! Que ton homme préfère de belles et jolies filles ! Qu'on te batte comme le bloc d'argile du potier ! Tu n'auras jamais droit aux véritables parfums ! Que le clair argent brillant, orgueil du monde, ne soit jamais dans ta maison ! Que ton alcôve[3] soit à jamais une échoppe[4] et que le plus plaisant de tes lieux de séjour soit le seuil de ta porte. Que les bords du chemin, que le quartier des potiers aux franges de la cité deviennent ta demeure. Tu logeras dans la solitude, tu hanteras l'ombre des remparts. Que les ruines soient les endroits où tu te couches, que l'ombre du mur soit l'endroit où tu te tiens, que les épines et les ronces t'écorchent les pieds. Que les ivrognes et les soiffards te giflent. Que les jeunes gens expulsés de ta taverne[5] se disputent dans la rue et vocifèrent contre toi. Qu'aucun maçon ne bouche les fissures du toit de ta maison. Que dans les trous de ta maison se tapisse la chouette. Que chez toi jamais on ne festoie[6]. Que personne, pour toi, n'envisage une offrande. Que tes vêtements de pourpre[7], symboles de richesse, soient offerts en gage votif et qu'un sous-vêtement souillé soit ton présent. Car j'étais innocent et tu m'as humilié, et tu m'as entraîné dans le péché alors que j'étais si pur.

Lorsque Samash entendit les propos d'Enkidu, aussitôt, du haut du Ciel, il l'interpella :

notes

1. ***lie :*** dépôt, résidu.
2. ***atours :*** beaux vêtements.
3. ***alcôve :*** petite chambre.
4. ***échoppe :*** boutique ; Enkidu souhaite que La Joyeuse ne puisse jamais quitter sa condition de prostituée.
5. ***taverne :*** auberge.
6. ***festoie :*** fasse de festin.
7. ***pourpre :*** étoffe rouge.

– Pourquoi maudis-tu la courtisane, cette fille de joie qui t'a fait goûter la nourriture des divinités, qui t'a abreuvé des boissons des rois, elle qui t'a revêtu d'un habit magnifique et t'a procuré un compagnon parfait ? Gilgamesh n'est-il pas à présent pour toi un véritable ami, un frère jumeau ? Il va te faire reposer dans un grand lit préparé avec soin, après t'avoir ménagé à sa gauche une place inamovible[1]. Les princes du territoire, les notables[2] viendront te baiser les pieds, il fera pleurer et se lamenter sur toi les gens d'Uruk. Pour toi, il plongera dans le deuil les plus glorieux de ses sujets. Après ta mort, il portera le deuil, laissera hirsute[3] la peau de son corps et, revêtu de la dépouille d'un lion, il vagabondera par la steppe.

Quand Enkidu eut entendu les paroles de Samash le Preux[4], il réfléchit et la colère de son cœur s'apaisa, sa fureur se calma.

– Allons, dit-il, viens, fille de joie, que je t'assigne un autre destin. Que ma bouche qui t'avait maudite maintenant te bénisse. Que tes amants soient des princes et des nobles. Qu'à dix kilomètres de toi on se batte la cuisse d'impatience. Qu'à vingt kilomètres on secoue sa chevelure d'énervement. Que l'officier, sans plus attendre, dégrafe son baudrier et t'offre de l'obsidienne[5], des lazulites et de l'or. Qu'il te fasse des présents, qu'il t'offre des boucles d'oreilles précieuses en or repoussé[6]. Que tes mains soient chargées de bijoux. On verra tomber la pluie sur tes terres et tes greniers regorgeront de céréales. On t'introduira jusque dans le

notes

1. ***inamovible :*** qu'on ne peut déplacer.
2. ***notables :*** personnes occupant un rang élevé dans la société.
3. ***hirsute :*** couverte de poils.
4. ***Preux :*** courageux.
5. ***obsidienne :*** verre foncé d'origine volcanique.
6. ***repoussé :*** travaillé sur l'envers du décor.

temple des dieux. À cause de toi l'épouse sept fois féconde[1] sera délaissée.

Comme Enkidu dépérissait, couché seul sur son lit, il confia à son ami tout ce qui l'oppressait :

– Écoute, Gilgamesh, le songe que j'ai encore fait cette nuit. Le Ciel vociférait et la Terre lui faisait écho tandis que moi je me tenais debout entre les deux. Un être au visage sombre était là. Il était semblable au masque d'Anzu, le rapace géant, ce monstre des forces du Chaos, capable de perturber l'ordre établi par les dieux. Ses mains étaient des pattes de lion, ses ongles des serres d'aigle. Il me saisit par les cheveux, j'étais à sa merci. J'essayai alors de le frapper, mais il virevoltait comme une corde à sauter. Il me frappa et me submergea comme une trombe d'eau, il me piétina comme un buffle, il m'étreignit le corps tout entier. J'avais beau crier : « Sauve-moi, mon ami ! », tu avais si peur que tu n'intervenais pas et tu ne m'as pas secouru. Tu ne m'as pas sauvé. Il me toucha et me transforma en pigeon. Mes bras furent recouverts de plumes d'oiseau. Il me prit pour me conduire à l'obscure demeure de la déesse Irkalla, dans l'Enfer où était descendue Ishtar et d'où l'on ne revient jamais. L'aller sans retour. C'est la demeure dont les habitants sont livrés aux ténèbres, ne subsistant plus que de poussière, dont le pain est l'argile, revêtus comme des oiseaux d'un vêtement de plumes, échoués dans l'obscurité, sans plus jamais voir le jour. Et moi, introduit dans cette maison de poussière, je pus voir des couronnes rassemblées, j'entendais parler ceux qui les avaient portées et qui dominèrent le pays, ceux qui présentaient jadis à Anu et Enlil la

note

1. ***féconde :*** qui peut être mère.

viande grillée, leur offraient le pain cuit et les abreuvaient de boissons fraîches. Dans cette poudreuse demeure siégeaient des grands prêtres et des dignitaires[1], des exorcistes[2], chefs et officiants[3] de haut rang, des purificateurs des grands dieux. Siégeaient également Etana[4] et Sumuqan[5]. Y demeuraient aussi Ereshkigal, la reine des Enfers, et, accroupi devant elle, Bêlet-Cri, son secrétaire. La reine portait une tablette qu'elle lisait continuellement à haute voix. Levant alors la tête, elle fixa son regard sur moi et s'écria : « Qui donc a conduit cet homme ici ? » Toi qui as parcouru avec moi tant de chemins difficiles, passé tant de périls, pense à moi, n'oublie pas, mon ami, tout ce que j'ai parcouru, n'oublie rien de ce que j'ai enduré.

Ayant écouté ce récit, Gilgamesh se dit que son ami avait vu un songe défavorable, irréparable. À partir de ce jour, Enkidu perdit toutes ses forces. Le premier jour, il resta étendu sur son lit, la mort était assise auprès de lui. Puis le temps s'accéléra, le dixième jour la maladie d'Enkidu empira et le douzième jour il ne bougeait plus.

Gilgamesh s'écria :

– Mon ami m'a lancé une grande malédiction ! Comme il me l'avait prédit lorsque nous étions dans Uruk, maintenant j'ai peur du combat, au point de ne pas pouvoir le sauver. Heureux celui qui tombe au combat. Comme toi, je mourrai sans gloire. Et pourtant, toi et moi, ne devions-nous pas rester inséparables ?

notes

1. ***dignitaires :*** personnages de haut rang.
2. ***exorcistes :*** religieux chargés de chasser les démons.
3. ***officiants :*** prêtres.
4. ***Etana :*** dans la mythologie sumérienne, premier roi de Kis, une des premières cités-États fondées par les dieux.
5. ***Sumuqan :*** dieu du Bétail.

Tablette VIII

Quand parurent les premières lueurs de l'aube, Gilgamesh s'adressa à son ami défunt :

– Enkidu, mon ami, fils d'une gazelle et d'un âne sauvage, c'est à leur lait qu'on t'a élevé et les animaux sauvages t'ont fait découvrir leurs pâturages. Ô chemins qu'avait pris Enkidu jusqu'à la forêt de Cèdres, pleurez-le ! Jour et nuit, sans répit ! Anciens de la vaste cité d'Uruk, dont les mains nous bénissaient lorsque nous partions ensemble, pleurez-le ! Pleure, ô toi la foule qui nous suivait en nous acclamant ! Pleurez, eaux pures des régions montagneuses que nous avons tant de fois gravies. Pleurez, passes étroites des montagnes que nous avons escaladées. Lamente-toi, campagne, pousse des cris comme si tu étais sa mère ! Pleurez, cèdres et cyprès, au milieu desquels, dans notre fureur, nous avons fait un carnage. Que tous les animaux de la steppe, tigres, léopards, hyènes, cerfs, guépards, lions, buffles, ours, daims, bouquetins, te pleurent. Tout comme l'Ulaï, le fleuve sacré au bord duquel nous nous pavanions[1]. Qu'il te pleure, l'Euphrate pur, dont nous faisions couler en libations[2] l'eau de nos outres. Pleurez, jeunes gaillards de la grande cité d'Uruk qui nous avez vus combattre et tuer le Taureau-Céleste. Pleure, paysan qui exaltais son nom dans les chansons qui rythment le labeur[3]. Qu'elles te pleurent, la place de la grande cité et la première école de scribes[4] qui a proclamé ton nom. Qu'ils te pleurent, le pasteur[5], le cabaretier qui te

notes

1. pavanions : affichions notre gloire.
2. libations : action de répandre un liquide pour honorer un dieu.
3. labeur : travail.
4. scribes : personnes chargées d'écrire à une époque où l'écriture n'est pas répandue.
5. pasteur : berger.

procurait la bière douce. Qu'ils te pleurent, le sage, le berger qui déposait du beurre à tes pieds, qui mettait dans ta bouche des breuvages choisis. Qu'elle te pleure, la hiérodule qui te frottait avec l'huile la plus raffinée et les onguents délicieux. Pleurez-le, convives, qui pour la noce lui aviez glissé un anneau au doigt, pour obtenir une femme selon ses sages conseils. Pleurez-le, vous ses frères, comme le feraient des sœurs ! Pleurez, prêtres lamentateurs, et dénouez vos cheveux pour lui. Dans votre steppe, pleurez Enkidu, vous ses parents. Et moi aussi je te pleure ! Écoutez-moi, Anciens de la cité. Écoutez-moi déplorer Enkidu, mon frère, éclater comme une pleureuse en amères lamentations ! Enkidu, hachette à mon côté, épée de mon fourreau, bouclier devant moi, mon vêtement de fête et la tenue de mes ébats[1] ! Voici qu'un sort cruel, brutalement, t'a arraché à moi ! Mon ami, panthère de la steppe, avec qui j'avais escaladé la montagne, pris et tué le Taureau-Céleste, abattu Humbaba tapi dans la forêt de Cèdres. Quel sommeil, à présent, s'est emparé de toi ? Te voilà devenu noirâtre et tu ne m'entends plus.

Enkidu ne levait même plus la tête. Gilgamesh lui posa la main sur le cœur, il ne battait plus. Alors, comme on le fait pour une jeune épousée, il voila son visage. Il tournait autour de lui comme une lionne dont les petits sont pris au piège. Il allait et venait, arrachant et semant les boucles de sa chevelure. Il se dépouilla et rejeta ses beaux habits comme une abomination[2].

Lorsque parurent les premières lueurs de l'aube, Gilgamesh lança un appel au pays :

notes

1. ***ébats :*** jeux.

2. ***abomination :*** quelque chose d'intolérable.

– Forgerons, lapidaires[1], métallurgistes, orfèvres[2], ciseleurs, joailliers[3], faites une statue de mon ami comme personne n'en a jamais fait, que le thorax[4] soit en lapis-lazuli[5] et tout le reste du corps en or. Moi, ton ami, ton frère jumeau, je vais te faire reposer sur un grand lit magnifique préparé avec soin et t'allonger sur une couche agréable après t'avoir aménagé, à ma gauche, une place inamovible. Les princes du territoire viendront te baiser les pieds. Je ferai pleurer sur toi les gens d'Uruk, sur toi je les ferai se lamenter. Je plongerai dans le deuil les plus glorieux de mes sujets. Et moi-même, après ta mort, je me laisserai un aspect hirsute[6] et, revêtu seulement d'une dépouille de lion, je vagabonderai dans la steppe.

Lorsque brilla le point du jour, Gilgamesh ôta ses vêtements et revêtit sa tenue de sacrifice, s'habilla de rouge et vit en pensée le fleuve infernal. Gilgamesh ouvrit la porte du palais, il fit porter dehors un grand plateau en bois d'if[7], versa du miel dans une jatte rouge de cornaline[8], emplit de beurre une jatte bleue de lazulite, et le tout, dûment apprêté, il le présenta à Samash.

notes

1. lapidaires : tailleurs de pierres précieuses.
2. orfèvres : artisans travaillant les métaux précieux.
3. joailliers : fabricants de bijoux.
4. thorax : buste.
5. lapis-lazuli : pierre de couleur bleue.
6. hirsute : les cheveux en bataille.
7. if : sorte de conifère.
8. cornaline : agate à moitié transparente et d'un rouge foncé.

Au fil du texte

Questions sur les pages 52 à 61

Avez-vous bien lu ?

1. Combien de rêves sont rapportés dans ce passage ? Délimitez-les.

2. Parmi les paroles suivantes, lesquelles sont prononcées au cours d'un rêve ?

a) Anu à Enlil : *« Ils ont tué le Taureau-Céleste et Humbaba. »*

b) Gilgamesh à Enkidu : *« Pourquoi ton cœur a-t-il prononcé des propos aussi aberrants ? »*

c) Enkidu à la porte du temple d'Enlil : *« Puisses-tu ne pas subsister autant que tu le désires ! »*

d) Enkidu à la courtisane : *« Que ma bouche qui t'avait maudite maintenant te bénisse. »*

3. Quels sont les quatre dieux qui tiennent conseil dans le rêve d'Enkidu ? Quel est l'enjeu de leur débat ?

4. Quel dieu souhaite la mort d'Enkidu ? Pourquoi ?

5. Quel dieu soutient les deux héros ?

6. À qui s'en prend successivement Enkidu dans le passage ? Qui supplie-t-il au contraire ?

7. Que commande Gilgamesh à ses artisans après la mort d'Enkidu ?

PAROLES RAPPORTÉES* ET RÉCITS EMBOÎTÉS*

8. Relevez les verbes de parole qui introduisent les propos des personnages. Quelle réplique est introduite par un verbe de mouvement ? Quel effet produit cette diversité ?

9. Dans quel cas Léo Scheer, qui a adapté le texte, a-t-il recours au tiret et dans quel cas utilise-t-il les guillemets ?

10. Qu'est-ce qui justifie l'insertion de deux récits dans le récit principal ? Quel est le thème de chacun de ces récits ? Quel est, selon vous, l'intérêt de ce procédé ?

LA PLACE DES RÊVES

11. Comment Gilgamesh interprète-t-il chacun des deux rêves de son ami ?

12. Quel rôle jouent, selon vous, les rêves dans la civilisation mésopotamienne ?

Le second rêve (l. 890 à 926, pp. 57-58)

13. Les lieux évoqués sont-ils les mêmes que ceux du récit principal ? Justifiez votre réponse.

14. Relevez le champ lexical* de la violence dans ce second rêve. Dans quelle partie du récit est-il présent ? Pourquoi, selon vous ?

paroles rapportées : **paroles des personnages rapportées par le narrateur.**

récits emboîtés : **un ou plusieurs récits s'insèrent à l'intérieur du récit principal.**

champ lexical : **ensemble des termes se rapportant à une notion.**

La malédiction

15. Pourquoi Enkidu profère-t-il successivement trois séries de malédictions ?

Extrait des l. 778 à 791 (p. 53)

16. Relevez les verbes et indiquez leur mode et leur temps en vous aidant d'un manuel de conjugaison si nécessaire. Comment peut-on expliquer cette diversité ?

17. Donnez la classe grammaticale* des différents mots qui désignent la porte. Pourquoi sont-ils si nombreux dans ce passage ?

18. Comment Enkidu met-il en valeur les efforts qu'il a accomplis pour Enlil ? Pourquoi, selon vous ?

19. Quel passage exprime la malédiction ? Par quels procédés (vocabulaire, mode verbal*, style) ?

L'amitié

20. Quelles actions témoignent de l'amitié de Gilgamesh ?

21. Quels éléments montrent que l'amitié n'est pas toute-puissante contrairement à ce que pensait Gilgamesh au début de l'épopée* ?

22. À quoi voit-on que Gilgamesh est bouleversé par la mort de son ami ?

23. En quoi la mort d'Enkidu marque-t-elle un tournant dans l'épopée ?

classe grammaticale **: nature (nom, pronom, verbe...).**

mode verbal **: on distingue les modes personnels (indicatif, conditionnel, subjonctif et impératif) et les modes impersonnels (infinitif, participe et gérondif).**

épopée **: long récit à la gloire d'un héros qui accomplit des exploits au nom d'un peuple.**

LA REPRÉSENTATION DE LA MORT

24. Qu'apprend-on sur la maladie et la mort d'Enkidu ?

25. En quoi peut-on dire que le second rêve d'Enkidu donne au lecteur une représentation de la mort ?

26. Dans les lignes 942 à 974, pages 59-60, quels procédés donnent à la lamentation de Gilgamesh une dimension poétique* ? Quel rôle joue, selon vous, cette lamentation ?

À VOS PLUMES !

27. Les rêves occupent une place importante dans l'épopée* de Gilgamesh. Enkidu rêve notamment qu'il pénètre dans le monde des Morts. Dans les récits fantastiques*, les rêves jouent aussi un rôle important. Imaginez qu'un collégien raconte un rêve extraordinaire au cours duquel il a changé de monde. À la fin du récit, le rêve commence à se réaliser…

dimension poétique : **ce qui apparente un texte à un poème.**

épopée : **long récit à la gloire d'un héros qui accomplit des exploits au nom d'un peuple.**

récits fantastiques : **récits qui inquiètent le lecteur en introduisant du surnaturel dans la réalité.**

Tablette IX

Gilgamesh pleurait à chaudes larmes en parcourant la steppe :

– Devrais-je donc mourir moi aussi et, par la mort, devenir pareil à son cadavre ? Non, je le refuse, pas comme Enkidu. L'angoisse envahit mes entrailles. C'est la peur de la mort qui me fait courir le désert. Par crainte de la mort, j'erre dans la steppe. Je refuse un destin si funeste, je vais partir sans tarder rejoindre Ut-Napishtim, fils d'Ubar-Tutu[1], qui survécut au Déluge.

Arrivé de nuit aux passes[2] d'une montagne, il aperçut des lions et eut peur que la mort ne l'ait rattrapé. Ayant relevé la tête, il se mit à invoquer Sîn, le dieu de la Lune, et, adressant ses prières à l'astre de la nuit, vers la grande dame, luminaire du Ciel et de la Terre, la plus grande des déesses, il implora :

– Tirez-moi sain et sauf de ce péril !

Il se coucha pour dormir, mais un songe le réveilla en sursaut. Des bêtes à l'abreuvoir jouissaient allègrement[3] ensemble de la vie. Il brandit la hache qu'il portait à son côté, dégaina l'épée du fourreau et, comme un javelot, aussi rapide qu'une flèche, il tomba au milieu d'elles, frappa, dispersa les lions.

Gilgamesh atteignit les monts Jumeaux, qui, chaque jour, sont les gardiens de la sortie et de l'entrée du Soleil, dont les cimes atteignent les fondations des Cieux et dont les soubassements atteignent l'Enfer. Des hommes-scorpions en gardaient l'entrée. Ils étaient si effrayants qu'à leur simple vue, c'était la mort. Leur terrible éclat surnaturel recouvrait

notes

1. Ubar-Tutu : dans la légende, dernier souverain (de la ville de Suruppak) à régner avant le Déluge.

2. passes : passages.

3. allègrement : gaiement.

ces montagnes, ils étaient là pour garder et protéger l'itinéraire du Soleil.

Quand Gilgamesh les aperçut, si redoutables et terrifiants, il se couvrit le visage ; mais, reprenant ses esprits et recouvrant[1] son courage, il leur adressa un salut et s'approcha à leur rencontre.

L'homme-scorpion interpella sa femelle :

– Celui qui nous arrive, sa personne a quelque chose de surnaturel, son corps est-il fait de chair divine ?

Sa femelle lui répondit :

– En lui, deux tiers sont divins, un tiers humain.

Alors l'homme-scorpion, s'exclamant, adressa la parole au rejeton des dieux :

– Pourquoi as-tu parcouru un chemin aussi long ? Pourquoi es-tu venu nous trouver, après avoir passé des montagnes aussi infranchissables ? Je veux connaître les raisons de ton voyage.

Gilgamesh lui répondit :

– Si j'ai fait un aussi long voyage, c'est pour aller voir Ut-Napishtim, mon ancêtre, qui fut admis au grand conseil des dieux. Ils lui ont accordé l'éternité et je veux le questionner sur la mort et sur la vie.

L'homme-scorpion dit alors à Gilgamesh :

– Jamais personne, Gilgamesh, n'a pu faire ce trajet. Nul n'est encore entré dans le défilé[2] de ces monts. Sur cent vingt kilomètres ne règnent que les ténèbres. Si profonde y est l'obscurité que tu n'y trouveras pas la moindre trace de lumière.

notes

1. recouvrant : retrouvant. ***2. défilé :*** étroit passage.

Mais Gilgamesh insistait :

– Poussé par le désespoir de mon cœur, la peur de la mort, l'angoisse aux entrailles, je parcours la steppe, malgré le froid glacial et la chaleur sèche, en dépit des fatigues. Je ne vais pas renoncer maintenant, j'irai jusqu'au bout.

L'homme-scorpion lui répondit :

– Eh bien, pars, Gilgamesh, pénètre à l'intérieur des monts Jumeaux. Traverse les montagnes et que tes pas te conduisent jusqu'au bout, sain et sauf. La grande porte de ces monts est largement ouverte devant toi.

Lorsque Gilgamesh eut entendu cette adresse[1], obtempérant aux paroles de l'homme-scorpion, il prit le chemin du Soleil.

Quand il eut parcouru dix kilomètres, il entra dans une obscurité profonde. Sans la moindre lumière, il ne pouvait rien voir, ni devant ni derrière lui. Ainsi jusqu'à quatre-vingt-dix kilomètres où il sentit un vent frais et à cent dix un rayon de lumière. À cent vingt kilomètres, il retrouva le plein jour.

Devant lui s'étendait le bosquet des dieux, région enchantée où arbres, fruits et fleurs étaient des pierres précieuses. Les fruits étaient en cornaline, les feuillages en lazulite. Les cèdres avaient une fondation d'albâtre[2]. Il vit des palmiers avec des dattes en améthyste[3], le pin maritime chargé d'émeraudes[4]. Les topazes[5] foisonnaient comme

notes

1. adresse : parole qui lui est adressée.
2. albâtre : pierre (variété de gypse) blanche.
3. améthyste : pierre précieuse violette.
4. émeraudes : pierres précieuses vertes.
5. topazes : pierres précieuses jaunes.

ronces et épines. Le caroubier[1] était garni de turquoises[2], d'agates[3] et d'obsidiennes[4].

Gilgamesh allait et venait parmi ces merveilles. [...]

notes

1. caroubier : arbre qui produit la caroube, un fruit comestible.

2. turquoises : pierres précieuses bleu-vert.

3. agates : pierres caractérisées par des dépôts de couleurs ou de nuances différentes.

4. obsidiennes : roches volcaniques cassantes qui ont l'aspect du verre.

Tablette X

[La 10e tablette raconte la suite de la tablette IX : sans transition, Gilgamesh, qui vient de quitter le pays des Gemmes (des pierres précieuses), se retrouve à l'extrémité orientale de la Terre, au bord d'une mer au-delà de laquelle se trouve Ut-Napishtim, le héros immortel qu'il veut rencontrer.]

[...] Il[1] se retrouva sur la plage où était installée Siduri, la tavernière[2]. Elle tenait une sorte d'estaminet[3] dans lequel elle vendait aux passants de la bière, boisson nationale, qu'elle confectionnait elle-même. On lui avait aménagé un tréteau à jarres. Couverte d'un voile, elle siégeait sur un trône, et avait devant elle un pressoir[4] en or.

Après avoir hésité, Gilgamesh s'avança vers elle, revêtu de la simple peau de bête qui recouvrait sa chair divine. L'angoisse était au fond de ses entrailles et son visage était marqué comme celui d'un homme qui vient de loin.

La tavernière le regardait s'approcher et l'examinait à distance. Après avoir mûrement réfléchi et délibéré en son cœur, elle se dit en son for intérieur[5] :

– C'est peut-être bien là un criminel. Où donc va-t-il par ce chemin ? Serait-ce pour commettre un méfait qu'il vient droit vers la porte ?

Elle bloqua sa porte et poussa le verrou.

notes

1. Gilgamesh.
2. *tavernière :* femme qui sert à boire dans une taverne.
3. *estaminet :* taverne.
4. *pressoir :* machine qui sert à extraire le liquide de certains fruits ou graines.
5. *en son for intérieur :* en elle-même.

Mais lui, ayant prêté l'oreille, au bruit qu'elle avait fait ainsi, il leva le menton et regarda dans sa direction. Puis il lui parla à travers la porte fermée :

– Qu'as-tu donc vu, tavernière, pour avoir barré ta porte et poussé ton verrou ? Je vais devoir en heurter le vantail et en démolir la fermeture !

La tavernière s'adressa à lui afin qu'il lui parle de lui, qu'il se présente et lui dise les raisons de sa présence.

– Je suis celui qui a vaincu et abattu le Taureau, géant descendu du Ciel. C'est moi qui ai mis à mort le gardien de la Forêt, occis[1] ce Humbaba qui demeurait en la forêt de Cèdres et tué les lions aux passes de la montagne.

Elle lui répondit :

– Si tu es celui qui a accompli ces exploits, pourquoi as-tu les joues amaigries, le visage aussi abattu, le cœur si triste, les traits aussi exténués ? Pourquoi, après de telles prouesses, une pareille angoisse au ventre ?

– C'est par peur de la mort que je parcours la steppe. Ce qui est arrivé à Enkidu, mon ami, m'accable. Comment me taire ? Comment garder le silence ? Enkidu, mon ami que j'aimais, est devenu comme de l'argile. Lui qui avait, avec moi, traversé tant d'épreuves, le sort commun aux hommes l'a terrassé ! Six jours et sept nuits, je l'ai pleuré et l'ai refusé à la tombe, jusqu'à ce que les vers lui soient tombés du nez. Alors, je me suis mis à craindre et redouter la mort. Comment me taire ? Mon ami que je chérissais est redevenu argile ! Et moi, ne me faudra-t-il pas, comme lui, me coucher pour ne plus me relever ? Jamais ! Jamais ! À présent, tavernière, dis-moi quelle est la route qui mène à Ut-Napishtim. Apprends-moi comment je le reconnaîtrai.

note

1. occis : tué.

Si c'est possible, je traverserai cette mer. S'il le faut, je vagabonderai encore par la steppe. [...]

[Sur un fragment beaucoup plus ancien (antérieur au IIe millénaire av. J.-C.) que les tablettes retrouvées à Ninive, on peut lire un discours de la tavernière adressé à Gilgamesh :]

– Où cours-tu, Gilgamesh ? La vie que tu poursuis, tu ne la trouveras pas. Quand les dieux ont créé l'humanité, c'est la mort qu'ils lui ont réservée ! L'immortalité, ils l'ont gardée pour eux. Toi, Gilgamesh, que ton ventre soit repu[1] ! Jour et nuit, réjouis-toi ! Chaque jour, fais la fête ! Danse et amuse-toi ! Que tes vêtements soient immaculés[2], ta tête bien lavée, baigne-toi à grandes eaux ! Contemple l'enfant qui te tient par la main. Que ta bien-aimée se réjouisse dans tes bras ! Telle est l'occupation des hommes.

[Voici, d'après la version de Ninive, la suite de la rencontre entre Gilgamesh et la tavernière :]

Mais Gilgamesh ne l'écoutait plus.

– Tu sais, cabaretière, quel est le chemin vers Ut-Napishtim. Quels sont les repères ? Donne-les-moi. Oh, donne-moi ces repères !

– Cette mer, hormis le Soleil, personne ne peut la traverser, et, dans l'intervalle, les eaux de la mort bloquent sa surface. Que feras-tu, une fois arrivé à l'eau mortelle ?

La cabaretière, voyant que rien ne lui ferait entendre raison, lui dit :

notes

1. ***repu :*** rassasié, ne connaissant pas la faim.

2. ***immaculés :*** sans aucune tache.

– Une idée me vient. Il y a, dans la forêt, occupé à couper des branches, Ur-Sanabi, le nocher[1] d'Ut-Napishtim. Il vit en compagnie de l'être des pierres[2] qui permettent la traversée. Va te montrer à lui ! Si c'est possible, traverse avec lui ! Sinon, rebrousse chemin[3] !

Gilgamesh, entendant ces paroles, brandit la hache dans sa main, dégaina le poignard de sa ceinture et s'en alla furtivement[4] retrouver Ur-Sanabi. Il lui tomba dessus comme une flèche, enflant la voix dans la forêt. Lorsque le nocher vit briller l'épée et entendit la hache cliqueter, il prit la fuite. Mais Gilgamesh lui heurta la tête et lui saisit la main. Et il brisa l'être des pierres qui procurent la sécurité du bateau, sans lesquelles on ne peut franchir les eaux de la mort, il le brisa et le jeta dans la mer immense.

Ur-Sanabi demanda à Gilgamesh qui il était et pourquoi il était dans cet état. Gilgamesh lui répondit :

– À présent, Ur-Sanabi, quelle est la route qui mène à Ut-Napishtim ?

– Tes propres mains, Gilgamesh, viennent de compromettre la traversée pour le rejoindre. Tu as mis en pièces les pierres et arraché leurs attaches.

Puis, après avoir réfléchi, il lui dit :

– Prends ta hache, va dans la forêt, et coupes-y cent vingt perches de trente mètres. Ébranche-les, garnis-les de pointes, et apporte-les-moi.

Il le fit.

notes

1. ***nocher :*** marin chargé de conduire un bateau, notamment celui qui navigue sur l'eau mortelle (Mésopotamie) ou le Styx (mythologie grecque).

2. Littéralement « ceux-de-pierre » ; il s'agit probablement de divinités indispensables à la traversée de l'eau mortelle.

3. ***rebrousse chemin :*** fais demi-tour.

4. ***furtivement :*** discrètement.

Ils embarquèrent ensemble. Ayant mis leur esquif[1] à l'eau, ils y montèrent et, en trois jours, ils parcoururent la distance d'un mois et demi. Lorsqu'ils parvinrent aux eaux mortelles :

– Écarte-toi du bord et prends la première perche, tes mains ne doivent pas toucher l'eau mortelle, prends-en une deuxième, une troisième et ainsi de suite jusqu'à la cent vingtième.

Il défit alors sa ceinture et enleva ses vêtements pour les déployer comme une voile, et, avec ses mains, il les éleva sur le mât.

De loin, Ut-Napishtim les regardait. Se parlant à lui-même, se faisant des réflexions, il prononça ces paroles en son for intérieur :

– Pourquoi ont-ils brisé les pierres protectrices du bateau ? Pourquoi l'homme qui navigue à son bord n'en est-il pas le maître ? Celui qui vient ici n'est pas un homme à moi, et j'ai beau le regarder, je ne le reconnais pas.

Gilgamesh dit à Ut-Napishtim :

– Allons, je veux aller voir celui qu'on appelle Le Lointain pour lui raconter mon parcours, ma lassitude et mon angoisse.

Ut-Napishtim lui dit :

– Pourquoi donc, Gilgamesh, exagérer ton désespoir, pourquoi trembles-tu d'angoisse, toi qui es fait de chair divine, que les dieux ont fait comme s'ils étaient ton père et ta mère ? Alors que les dieux, en leur conseil, t'ont assigné un trône, serais-tu devenu comparable à un fou ? À un fou, on peut faire passer la lie de bière vieillie pour du beurre,

note

1. *esquif* : embarcation.

ceci pour cela. Il n'a point de discernement[1] ni de bon sens. Quand les dieux ont créé l'humanité, c'est la mort qu'ils lui ont réservée ; la vie éternelle, tu le sais bien, ils l'ont gardée pour eux. Finalement, qu'as-tu gagné à errer de la sorte, à te perturber et à te bouleverser ? Tu t'es seulement épuisé, saturant tes muscles de lassitude et ta tête d'angoisse, te rapprochant de tes derniers jours. L'être humain, quel qu'il soit, est voué à être fauché comme un roseau de cannaie[2]. Le sort de l'humanité est d'être brisée. Faisant l'amour, le beau jeune homme, la belle jeune fille ne s'affrontent ensemble qu'à la mort. La mort, Gilgamesh, que personne n'a vue, dont nul n'a aperçu le visage ni entendu la voix. La mort cruelle qui brise les hommes ! Sauvage est la mort, cette faucheuse de l'humanité. Pour combien de temps bâtissons-nous des maisons ? Pour combien de temps scellons-nous nos engagements ? Combien de temps dure le partage entre les frères ? Même la haine, se maintient-elle ici-bas pour toujours ? Le fleuve déborde-t-il pour toujours ? Face au Soleil, tout à coup, il ne reste plus rien. Ce ne sont plus que libellules emportées par le courant. Morts ou endormis, ils ont la même bouche, ils sont semblables. Personne n'est jamais revenu avec l'image de la mort, qui peut en décrire les traits ? Et pourtant l'homme, depuis ses origines, en est prisonnier. Une fois mort, l'homme récitera-t-il des prières ? Depuis que les grands dieux rassemblés ont chargé déesse Mammitu[3] de fixer avec eux les destins, ils nous ont imposé la mort, comme ils nous avaient accordé la vie, nous laissant simplement ignorer le jour, le moment fatidique.

notes

1. ***discernement :*** raison.

2. ***cannaie :*** lieu planté de roseaux.

3. ***Mammitu :*** épouse de Nergal, le dieu des Enfers.

Tablette XI

Gilgamesh s'adressa à lui :

– À te bien regarder, je découvre que tu es pareil à moi, seulement tu n'as pas le cœur à[1] te battre. Tu es là, couché sur le dos, à ne rien faire de tes journées. Dis-moi comment, admis à l'assemblée des dieux, tu as réussi à obtenir la vie éternelle ?

– Gilgamesh, écoute-moi bien car je vais te révéler un mystère, une chose réservée aux dieux qu'à toi seul je voudrais dire. Tu connais la ville de Suruppak au bord de l'Euphrate. Cette cité est si ancienne qu'elle a toujours été hantée par les dieux. C'est depuis cet endroit que les grands dieux eurent l'idée de provoquer le Déluge[2]. Les instigateurs[3] de cette décision étaient Anu[4], leur père, Enlil le Preux, leur conseiller, Ninurta[5], leur chambellan[6], et Enmogi[7], leur contremaître, en charge des Eaux. Bien qu'ayant juré devant le conseil de ne rien divulguer, le prince Ea[8] répéta leurs propos. Il ne le fit pas à moi directement, car il avait juré le secret, mais à la paroi de roseaux qui formait le mur de ma maison et derrière laquelle il savait que j'étais assis, et que je pouvais l'entendre. Il lui murmura :

« Palissade ! Ô palissade ! Haie de roseaux ! Haie de roseaux ! Paroi ! Paroi ! Écoute-moi : fais attention,

notes

1. ***le cœur à :*** le courage de.
2. Dans une autre légende rapportée dans le *Poème d'Atrahasis*, les dieux provoquent le Déluge car ils trouvent que les hommes sont trop nombreux, trop bruyants, et qu'ils les empêchent de dormir.
3. ***Les instigateurs :*** ceux qui sont à l'origine.
4. ***Anu :*** dieu qui règne sur le Ciel.
5. ***Ninurta :*** dieu de la Guerre et de l'Agriculture.
6. ***chambellan :*** ministre.
7. ***Enmogi :*** divinité mal connue.
8. ***Ea :*** Enki-Ea, dieu des Eaux douces souterraines et de tout ce qui a trait à l'Intelligence.

souviens-toi des conseils de sagesse contenus dans le *Traité des instructions* de Suruppak, rappelle-toi les enseignements que reçut le fils d'Ubar-Tutu concernant le Déluge ! Démolis ta maison pour te faire un bateau ! Renonce à tes richesses ! Détourne-toi de tes biens, cherche la vie sauve, renonce aux possessions, sauve les vivants. Fais monter à l'intérieur du bateau un rejeton de tout être vivant, embarque avec toi des spécimens de tous les animaux. Quant au navire que tu construiras, que ses dimensions soient équilibrées : de longueur et de largeur identiques ; pour le couvrir prends modèle sur l'Apsu, cette nappe souterraine d'eau douce recouverte, comme une toiture, par la terre. »

Lorsque j'eus compris le message, je dis au dieu Ea : « Monseigneur, l'ordre que tu m'as donné, je m'y appliquerai et l'exécuterai. Mais que dirai-je à ma cité, au peuple, à l'armée, aux Anciens ? »

Ouvrant la bouche, le dieu Ea reprit alors la parole et me parlant cette fois directement, à moi, son serviteur, il me dit :

« Quant à toi, mon brave, voici ce que tu leur diras : "Je crains qu'Enlil ne m'ait pris en grippe[1]. Je ne peux donc plus habiter dans votre ville, sur son domaine, car je ne peux plus y poser le pied. Je descendrai en l'Apsu demeurer auprès de Monseigneur Ea. Alors Enlil fera pleuvoir sur vous l'abondance : oiseaux à profusion[2] et poissons par corbeilles. Il vous accordera les moissons les plus riches. Il fera tomber du Ciel sur vous, dès l'aurore, des galettes et, au crépuscule, il déversera sur vous des pluies de froment." »

notes

1. ne m'ait pris en grippe : ne se soit mis à me détester.

2. à profusion : en grande quantité.

Quand parurent les premières lueurs du jour, tout le pays se rassembla autour de moi : les charpentiers avec leurs cognées, l'artisan en roseaux avec son maillet de pierre ; les ouvriers se mirent au travail, les familles tressèrent des cordages, les enfants des familles les plus riches transportèrent le bitume[1], les plus pauvres divers petits matériaux. Au bout de cinq jours, j'avais monté l'armature du bateau. Trois mille six cents mètres carrés de superficie, soixante mètres de flanc, un périmètre externe carré sur soixante mètres de côté. Puis j'en aménageai l'intérieur. Je créai six plafonds pour le subdiviser en sept étages dont je décomposai le volume en neuf compartiments. Je plantai en ses flancs des chevilles[2] à l'épreuve de l'eau, puis je le pourvus en gaffes[3] et mis en place son armement[4]. Je jetai dix-huit mille litres d'asphalte[5] dans un creuset, ce qui donna autant de bitume. Le batelier[6] en mit sept mille deux cents en réserve. Pour nourrir les artisans, je fis abattre des bœufs sacrifiés et chaque jour des moutons. Cervoise[7], bière fine, huile et vin, ces ouvriers en consommèrent autant qu'eau de rivière. On fit une fête comme pour le Nouvel An. Le jour levé, je fis toilette et procédai aux onctions rituelles[8]. Le soir du septième jour, le bateau était achevé, mais comme sa mise à l'eau était fort difficile, on glissa en dessous, de haut en bas, des rondins de roulage[9],

notes

1. Le bitume garantit l'étanchéité du navire.
2. ***chevilles :*** tiges de bois ou de métal qui permettent d'assembler des éléments.
3. ***gaffes :*** perches en bois munies d'un crochet, utiles pour les manœuvres et pour sonder la profondeur de l'eau.
4. ***armement :*** tout ce qui est nécessaire au fonctionnement d'un navire.
5. ***asphalte :*** bitume à l'état solide.
6. ***batelier :*** personne qui conduit un bateau, principalement sur un fleuve ou une rivière.
7. ***Cervoise :*** bière à base d'orge, consommée dans l'Antiquité.
8. ***onctions rituelles :*** actions de frotter avec une substance grasse, ici selon un rite religieux.
9. ***rondins de roulage :*** pièces de bois rondes qui permettent de faire glisser la coque du navire jusqu'au bord de l'eau.

jusqu'à ce que ses flancs fussent immergés aux deux tiers. Le lendemain, tout ce que je possédais, tout ce que j'avais d'argent, d'or, d'animaux domestiques, je l'en chargeai. J'embarquai ma famille et ma maisonnée entière, ainsi que les animaux sauvages, gros et petits. Les artisans de tous les métiers, je les y fis monter. Samash m'avait fixé le moment fatidique[1] :

« Quand je ferai pleuvoir à l'aurore des petits pains et au crépuscule des averses de froment, introduis-toi dans le bateau et obture[2] les écoutilles[3]. »

À l'heure dite, ce moment fatal[4] arriva. J'examinai l'aspect du temps, il était effrayant ! Je montai dans le bateau et j'en obturai les écoutilles. À celui qui le ferma, Puzus Amurru, un batelier, je fis présent de mon palais avec ses richesses. Lorsque brilla le point du jour, monta de l'horizon une nuée noire dans laquelle tonnait Adad[5], le dieu de l'Orage. En avant-garde marchaient les chambellans divins, sillonnant[6] les collines et le plat pays. Le dieu Nergal[7], maître du Monde souterrain et de la Mort, arracha les vannes célestes et Ninurta[8], le délégué des dieux sur la Terre, se mit à faire déborder les barrages[9], tandis que les dieux infernaux projetaient des torches et, de leurs éclats divins, embrasaient toute la Terre. Adad déploya dans le Ciel son silence-de-mort, réduisant en ténèbres tout ce qui était lumineux. Les assises[10] de la Terre se brisèrent comme un vase. Un jour entier,

notes

1. ***fatidique :*** fixé par le destin.
2. ***obture :*** bouche.
3. ***écoutilles :*** ouvertures destinées à charger le navire et que l'on ferme lorsqu'on navigue.
4. ***fatal :*** fixé par le destin.
5. ***Adad :*** dieu des Phénomènes atmosphériques qui garde les vannes du Ciel.
6. ***sillonnant :*** parcourant.
7. ***Nergal :*** souverain des morts, il est aussi associé aux épidémies et aux inondations.
8. ***Ninurta :*** dieu guerrier, réputé invincible.
9. Le Ciel est conçu comme un immense réservoir d'eau.
10. ***assises :*** fondations.

le premier, l'ouragan se déchaîna et le Déluge déferla. L'anathème[1] passa sur les hommes comme la guerre. Personne ne voyait plus personne ; du Ciel, on ne pouvait plus distinguer les multitudes parmi ces trombes d'eau. Alors, devant ce Déluge, les dieux eux-mêmes furent pris d'épouvante. Prenant la fuite, ils grimpèrent jusqu'au plus haut du Ciel, jusqu'au Ciel d'Anu, où, tels des chiots, ils demeuraient pelotonnés et accroupis au sol. Ishtar poussait des cris comme une femme qui enfante. Belitili[2], la déesse à la belle voix, se lamentait :

« Ce jour funeste, fallait-il que les hommes se transforment en argile, simplement parce que, moi, je me suis prononcée contre eux ? Ah ! s'il n'avait jamais existé, ce jour-là ! Comment ai-je pu dire des méchancetés sur les hommes dans l'assemblée des dieux ? Comment ai-je pu décider de la sorte un pareil carnage et anéantir mes propres gens ? Je ne les aurais donc mis au monde que pour en remplir les océans, pour qu'ils remplissent la mer comme des alevins[3], de la poissonnaille ! »

Et les dieux de haute classe de se lamenter avec elle. Tous les dieux demeuraient prostrés, en larmes, au désespoir, leurs lèvres étaient brûlées, saisies par la fièvre et par l'angoisse. Six jours et sept nuits durant, bourrasques, pluies battantes et tornades continuèrent à saccager la Terre. Quand arriva le septième jour, l'ouragan diluvien[4] sévissait comme la lutte à mort qu'on se livre entre combattants. Alors, ce jour-là, la mer se calma et se tut, le mauvais vent cessa. Je regardai alentour : le silence régnait. Tous les hommes étaient rede-

notes

1. ***anathème :*** malédiction.
2. ***Belitili :*** autre nom donné à Mammitu ou Aruru, la Grande Déesse Mère.
3. ***alevins :*** jeunes poissons.
4. ***diluvien :*** relatif au Déluge.

venus argile et la plaine, liquide comme un toit plat, était devenue un marais. J'ouvris une lucarne, l'air vif me cingla[1] le visage, un chaud rayon frôla ma joue. Je tombai à genoux, immobile, et je pleurai. Mes larmes ruisselaient tandis que je regardais autour de moi les limites de la mer. Au loin émergeait une côte, une langue de terre. Le mont Nisir affleurait à la surface de l'eau ; le bateau y accosta. Le sommet de la montagne le retint, ne le laissant pas repartir. Un troisième, un quatrième jour, il le retint. Lorsque le septième jour arriva, je fis sortir une colombe et la laissai s'envoler. Elle s'en fut, puis revint ; n'ayant rien vu où se poser, elle avait fait demi-tour. Je pris une hirondelle et fis de même. Elle revint elle aussi. Je fis sortir un corbeau. Voyant les eaux s'écouler, il se mit à manger, voltigea, fienta[2] et ne revint pas. Il avait trouvé le retrait des eaux, picoré, croassé, il s'était ébroué et ne revint plus vers le bateau. Alors, je les dispersai tous aux quatre vents et fis un banquet pour les dieux. J'allai sacrifier et répandre mon offrande au sommet de la montagne. Je plaçai de chaque côté les sept vases rituels au creux desquels je versai du roseau parfumé, du cèdre et de la myrrhe[3]. Les dieux humant[4] la bonne odeur se pressèrent comme des mouches au-dessus du sacrificateur ordonnateur de leur banquet. À ce moment arriva la grande déesse[5]. Elle brandit le collier de grandes mouches qu'Anu lui avait fait au temps de leurs amours.

« Dieux ici présents, s'exclama-t-elle, aussi vrai que jamais je n'oublierai les lazulites de ce collier, jamais, non plus, je

notes

1. cingla : fouetta.
2. fienta : rejeta ses excréments (pour les oiseaux).
3. myrrhe : résine aromatique produite par le balsamier.
4. humant : sentant.
5. grande déesse : il s'agit de Belitili, la Grande Déesse Mère.

n'oublierai ces jours funestes. Je les garderai perpétuellement dans ma mémoire. Que les dieux viennent à l'offrande, mais pas Enlil, car, imprudemment, sans réfléchir aux conséquences, il a fait le Déluge et voué mes gens à l'anéantissement. »

À ce moment, le dieu Enlil, arrivant, vit le bateau et se mit en fureur, plein de courroux[1] contre les dieux Igigi :

« Un homme a donc eu la vie sauve alors qu'il ne devait pas rester un seul survivant au carnage ! »

Ninurta lui dit :

« Qui d'autre qu'Ea a pu en être la cause puisqu'il peut tout faire, tout entreprendre ? »

Ea prit la parole :

« Mais toi, Enlil, le plus sage des dieux, le plus vaillant, comment as-tu pu aussi inconsidérément décider du Déluge ? Fais battre sa coulpe[2] au responsable et son péché au seul pécheur ! Ou alors, au lieu de les supprimer, pardonne-leur, ne les anéantis pas, sois clément[3]. Plutôt que ce Déluge, il eût mieux valu des lions pour décimer[4] les hommes, ou bien des loups, même la famine valait mieux pour affaiblir le pays. Au lieu du Déluge, la peste pouvait surgir et les gens en auraient fait l'expérience, même l'épidémie eût mieux valu pour frapper les hommes. Moi, je n'ai pas dévoilé le secret des grands dieux. À Atra-Hassi[5], j'ai fait un songe, c'est ainsi qu'il a entendu le secret des dieux. À présent, décidez de son sort ! »

notes

1. *courroux* : colère.
2. *battre sa coulpe* : reconnaître sa culpabilité.
3. *clément* : capable de pardonner.
4. *décimer* : faire mourir en grande quantité.
5. *Atra-Hassi* : « Supersage », nom donné à Ut-Napishtim dans un autre récit mésopotamien, le *Poème d'Atrahasis ou du Supersage.*

Alors Enlil monta sur le bateau, me prit la main et me fit monter avec lui. Il fit aussi venir ma femme et la fit s'agenouiller près de moi. Il nous toucha le front et, debout entre nous, nous bénit en ces termes :

« Jusqu'ici, Ut-Napishtim n'était qu'un être humain, désormais, lui et sa femme seront semblables à nous, les dieux. »

Mais à présent, Gilgamesh, qui réunira les dieux pour toi afin que comme moi tu obtiennes la vie éternelle ? Essaie seulement de ne pas dormir six jours et sept nuits d'affilée.

Mais Gilgamesh était à peine accroupi pour s'asseoir qu'il sombra dans un sommeil profond. Ut-Napishtim dit alors à son épouse :

– Regarde-moi ce jeune homme qui prétend à la vie éternelle, le sommeil l'a soudain enveloppé comme un brouillard.

Elle dit à son mari :

– Secoue-le donc, qu'il se réveille et que, par le chemin qu'il a suivi, il s'en retourne en paix par la porte qu'il a franchie, qu'il s'en retourne en son pays[1] !

Ut-Napishtim dit à son épouse :

– Les hommes sont méchants, celui-ci sera méchant envers toi. Les hommes sont trompeurs, celui-ci voudra te duper[2] ! Prépare-lui donc sa ration quotidienne de pain que tu déposeras à sa portée et tu inscriras sur la cloison le nombre de jours qu'il dormira.

Elle lui prépara sa ration de pain, la déposa à sa portée et marqua sur la cloison les jours qu'il passait à dormir.

notes

1. Les répétitions rendent compte ici du style très répétitif de l'épopée dans sa forme d'origine.

2. ***duper :*** tromper.

La première portion se durcit, la deuxième moisit, la troisième resta humide, la quatrième eut sa croûte blanchie, la cinquième se piqueta[1], la sixième rassit, la septième était juste à point lorsque Ut-Napishtim secoua Gilgamesh qui se réveilla en disant :

– À peine le sommeil s'est-il répandu sur moi que tu m'as secoué et remis sur pied.

Mais Ut-Napishtim lui répondit :

– Eh bien, compte tes rations journalières, et je te ferai savoir combien de jours tu as dormi.

Il compta les rations et découvrit qu'il y en avait sept.

– Que faire alors ? dit Gilgamesh, vers quoi me tournerai-je maintenant ? Le ravisseur[2] est donc maître de moi. La mort s'est installée dans ma chambre à coucher ! Où que me portent mes pas, partout m'attend la mort !

Ut-Napishtim s'adressa alors à Ur-Sanabi le batelier :

– Ur-Sanabi, cet embarcadère[3] ne peut plus te sentir[4], cette passe marine te déteste ! Toi qui ne cessais d'aller et venir entre ces rives, renonces-y ! Cet homme que tu as conduit ici, dont le beau corps disparaît sous une hideuse peau de bête, prends-le, Ur-Sanabi, et amène-le au lavoir. Il lavera à grandes eaux ses poils pour qu'ils deviennent blancs comme neige. Il jettera sa peau de bête à la mer et imprégnera son corps d'onguents. Il se mettra un turban neuf sur la tête et se revêtira d'une tenue d'apparat[5]. Il mettra des vêtements dignes de lui ! Avant de rebrousser chemin pour s'en retourner dans sa ville, sa tenue devra rester intacte et neuve !

notes

1. se piqueta : moisit.
2. ravisseur : démon qui apporte la mort.
3. embarcadère : lieu d'où l'on embarque sur un bateau.
4. sentir : supporter.
5. tenue d'apparat : tenue de cérémonie.

Ur-Sanabi l'emmena au bain et fit ce qui était prescrit. Puis Gilgamesh et Ur-Sanabi mirent le bateau à l'eau et embarquèrent.

Sa femme s'adressa à Ut-Napishtim :

– Gilgamesh est venu jusqu'ici à grand-peine et grande fatigue, ne lui accorderas-tu pas quand même quelque chose au moment où il rentre au pays ?

À ces mots Gilgamesh manœuvra sa gaffe et rapprocha le bateau du rivage. Ut-Napishtim lui dit :

– Gilgamesh, tu es venu jusqu'ici à grand-peine et grande fatigue, que vais-je t'accorder au moment où tu rentres au pays ? Eh bien, je vais te révéler un mystère et te communiquer un secret des dieux : il s'agit d'une plante à la racine semblable à celle du faux jasmin[1], ses épines, comme celles de la rose, te piqueront la main. Mais si tes mains savent s'emparer de cette plante, tu auras trouvé la vie éternelle.

Ayant écouté ces paroles, Gilgamesh ouvrit une voie d'eau et laissa choir[2] son équipement[3]. S'étant lesté de lourdes pierres, il fut entraîné au fond de l'abîme. Là, il trouva la plante, s'en empara malgré les piqûres, puis, ayant libéré ses pieds des lourdes pierres, la mer le rejeta sur le rivage d'où il venait.

Gilgamesh s'adressa à Ur-Sanabi :

– Regarde, cette plante est un remède contre l'angoisse de la mort. Par elle, l'homme obtient pour lui la guérison et recouvre la vitalité. Je l'emporte avec moi à Uruk où, pour en tester l'efficacité, je la ferai manger par un vieillard. Si son surnom devient « le Vieillard-qui-rajeunit », je pourrai à mon tour en manger pour retrouver ma jeunesse.

notes

1. ***faux jasmin :*** plante dont les fleurs blanches sont fortement parfumées.

2. ***choir :*** tomber.

3. ***équipement :*** tenue.

[...]

[Après avoir parcouru, en deux étapes, cinq cents kilomètres, Gilgamesh et Ur-Sanabi décident de se baigner dans une fontaine.]

[...] C'est alors qu'un serpent flaira l'odeur de la plante. Il sortit furtivement de son terrier et, en un instant, s'empara de la plante magique, puis, s'en retournant, sur-le-champ il rejeta ses écailles[1] et retrouva l'aspect de sa jeunesse.

Gilgamesh à bord de la barque dirigée par Ur-Sanabi, illustration de 1924.

note

1. Le serpent est un animal qui change de peau ; le texte explique ainsi cette mue.

Dès lors, Gilgamesh s'assit et pleura, les larmes ruisselaient sur ses joues et, tenant la main d'Ur-Sanabi, il lui dit :

– Pour qui mes bras se sont-ils épuisés ? Pour qui le sang de mon cœur a-t-il coulé ? Je ne me suis pas fait de bien. J'en ai fait au serpent, ce lion du sol. Maintenant la masse d'eau est trop profonde pour que j'y retourne. Les pierres que j'avais extraites en creusant la fosse, je les ai laissées couler. Et de toute façon comment retrouverais-je les indices du site qui m'avaient été donnés ? J'ai laissé la barque au rivage et, maintenant, j'en suis trop loin !

Gilgamesh abandonna. Il comprit que sa quête était vaine et qu'il devait renoncer. [...]

[La tablette XI se termine par les paroles que Gilgamesh adresse à Ur-Sanabi. Les lignes qui suivent correspondent exactement à celles gravées sur la tablette d'argile ; elles sont traduites de l'akkadien par l'assyriologue[1] Jean Bottéro (© Éditions Gallimard) :

Après deux cents kilomètres,
Ils mangèrent un morceau ;
Après trois cents (autres),
Ils bivouaquèrent
Et arrivèrent (enfin)
À Uruk-les-Clos !
Gilgameš s'adressa alors à lui,
UrŠanabi-le-Nocher[2] :
« Monte, UrŠanabi,
Déambuler sur le rempart d'Uruk !

notes

1. ***assyriologue :*** spécialiste des civilisations assyriennes, celles de l'ancienne Mésopotamie.

2. Ur-Sanabi a emmené Gilgamesh sur son bateau.

Considère ce soubassement,
Scrutes-en les fondations !
(Tout cela) n'est-il pas
Brique cuite ?
Et les Sept Sages en personne
N'en ont-ils pas jeté les fondations ?
Trois cents hectares de ville,
Autant de jardins,
Autant de terre vierge :
C'est l'apanage du temple[1] *d'Ištar ;*
(Avec ces) mille hectares, tu couvres du regard
L'(entier) domaine d'Uruk...

(*L'Épopée de Gilgamesh : le grand homme qui ne voulait pas mourir*, coll. « L'Aube des peuples », Gallimard, 1992).]

note

1. l'apanage du temple : ce qui appartient au temple.

Au fil du texte

Questions sur les pages 66 à 88

Avez-vous bien lu ?

1. Qui Gilgamesh désire-t-il rencontrer ? Pourquoi ?

2. Quel est le premier obstacle surmonté par Gilgamesh dans sa quête ?

3. Quels personnages sont chargés de garder la route du Soleil ? Où se tiennent-ils ?

4. Quelle est la fonction d'Ur-Sanabi ?

5. Quel dieu indique à Ut-Napishtim comment survivre au Déluge ?

6. Quel est le pouvoir du faux jasmin ? Où se trouve cette plante ?

7. Qui raccompagne Gilgamesh à Uruk ?

8. Gilgamesh a-t-il obtenu d'Ut-Napishtim ce qu'il souhaitait ?

L'épisode du Déluge

9. Qui raconte l'épisode du Déluge ? À qui ? Pourquoi ?

10. Qui est à l'origine du Déluge ? Justifiez votre réponse en vous appuyant notamment sur les lignes 1329 à 1342, p. 79.

11. Pourquoi les habitants participent-ils tous à la construction du navire ?

12. Ea est le dieu des Eaux douces souterraines mais aussi de tout ce qui a trait à l'Intelligence. À quoi le voit-on ici ?

13. Montrez la violence du Déluge en vous appuyant sur les lignes 1333 à 1369, pp. 79-80.

14. Comment les dieux réagissent-ils devant le spectacle du Déluge ?

15. Quelles sont les réactions successives d'Enlil quand il découvre qu'Ut-Napishtim a survécu au Déluge ?

Un voyage initiatique*

voyage initiatique : **voyage au cours duquel le héros tire des leçons de vie et évolue.**

quête : **voyage à la recherche d'un élément important.**

épopée : **long récit à la gloire d'un héros qui accomplit des exploits.**

16. Quels sont les différents paysages traversés par Gilgamesh lors de sa quête* ?

17. En quoi peut-on dire que le héros aborde des lieux réservés aux dieux ?

18. Quels personnages ou animaux Gilgamesh rencontre-t-il successivement ? Précisez, à chaque fois, si ces personnages constituent un obstacle à surmonter ou/et une aide.

Tablette IX (pp. 66 à 69)

19. Quel événement est à l'origine de la quête de Gilgamesh ? Justifiez votre réponse en citant le texte.

20. Quelles explications Gilgamesh donne-t-il à l'homme-scorpion qui l'interroge sur son voyage ?

21. Relevez, dans les paroles de Gilgamesh adressées à l'homme-scorpion, les expressions qui montrent la difficulté de la quête. En quoi ces expressions caractérisent-elles le genre de l'épopée* ?

22. Comment s'exprime la négation dans la réplique de l'homme-scorpion (l. 1062 à 1066, p. 67) ? Que signifie-t-elle ?

23. Quels temps sont employés dans cette même réplique ? Justifiez leur emploi.

24. Précisez le mode et le temps des verbes dans la dernière réplique de l'homme-scorpion. Justifiez leur emploi.

Une leçon de vie

25. Quelle épreuve Ut-Napishtim impose-t-il à Gilgamesh pour voir s'il est digne de l'immortalité ? Pourquoi, selon vous, Gilgamesh échoue-t-il ?

26. Quelle erreur de Gilgamesh explique la perte du faux jasmin ?

27. Quelles leçons de vie expriment le discours de la tavernière (l. 1144 à 1152, p. 72) et celui d'Ut-Napishtim (l. 1211 à 1244, pp. 74-75) ?

28. Comment expliquez-vous l'échec de la quête de l'immortalité entreprise par le héros ?

29. Dans l'extrait traduit par Jean Bottéro (pp. 87-88), par quels procédés lexicaux et grammaticaux Gilgamesh manifeste-t-il la fierté qu'il éprouve en contemplant sa cité ? Quelle signification donnez-vous à ces toutes dernières lignes de la tablette XI ?

LIRE L'IMAGE

30. Comment l'image de la page 86 rend-elle compte du voyage de Gilgamesh dans le bateau d'Ur-Sanabi ?

À VOS PLUMES !

31. Lorsqu'il a franchi le passage des monts Jumeaux et le territoire plongé dans l'obscurité, Gilgamesh se retrouve dans un pays merveilleux. Imaginez que le héros, à son retour à Uruk, raconte à ses proches réunis autour de lui son séjour dans ce pays extraordinaire. Gilgamesh décrit ce qu'il a vu et explique ce qu'il a ressenti.

Retour sur l'œuvre

1. Replacez les noms propres suivants dans le résumé :

Gilgamesh – Enkidu – Ut-Napishtim – Enlil
Anu – Ishtar – Humbaba – le Taureau-Céleste
Uruk – Aruru

À la demande d'....................., la déesse ....
a façonné Enkidu avec de l'argile afin qu'il puisse contrôler la terrible force de Gilgamesh, le souverain d'............................ . Les deux héros deviennent amis et leur combat contre ...., le gardien de la forêt de Cèdres, renforce leur amitié.
Après avoir abattu le géant, les deux amis tuent .... envoyé par la déesse ....
Mais les hommes ne peuvent pas défier les dieux en toute impunité et .... meurt, sur décision du très puissant ...., laissant .... inconsolable. Ce dernier entreprend alors une quête de l'immortalité qui le mènera jusqu'à ...., l'unique survivant du Déluge.

2. Reliez chaque nom aux affirmations qui le concernent.

	• vit avec les animaux.
	• n'est pas toujours apprécié par ses sujets.
Gilgamesh •	• tue Humbaba.
Enkidu •	• meurt, frappé par une malédiction.
	• veut rencontrer le survivant du Déluge.
	• veut rapporter le faux jasmin à Uruk.

3. Mots-croisés épique et divin...

1. Gardien de la forêt de Cèdres.
2. Dieu du Soleil.
3. Batelier au service des immortels.
4. Mère de Gilgamesh.
5. Dieu des Vents, chef des dieux.
6. Survivant immortel du Déluge.
7. Tavernière sur la rive des eaux mortelles.
8. Père de Gilgamesh.
9. Gardien du passage des monts Jumeaux.
10. Père des dieux et notamment de la déesse Ishtar.
11. Déesse qui a conçu l'humanité et créé Enkidu.
12. Ami de Gilgamesh.

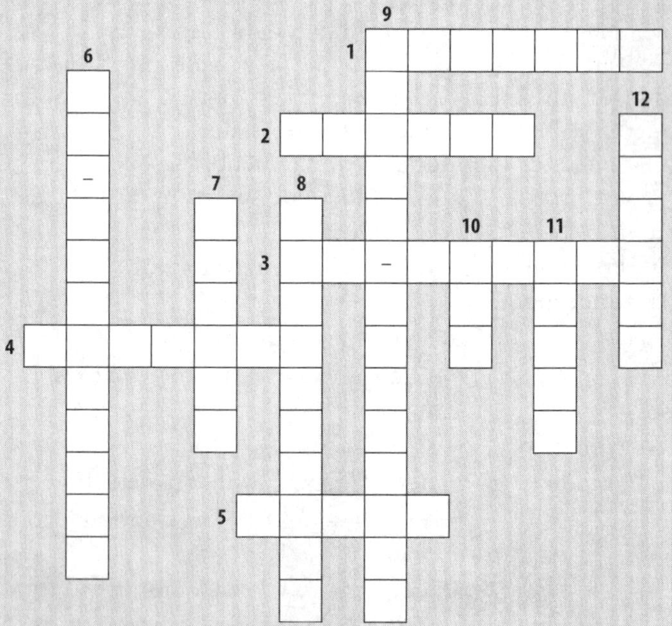

Dossier
Bibliocollège

Structure du récit

La composition

• *Un récit disparate*

Comme notre littérature nous a habitués à des récits construits autour d'une armature forte, l'épopée de *Gilgamesh* nous déroute à la première lecture par son manque apparent d'unité (avec deux parties bien distinctes et un personnage principal qui change de caractère au milieu du récit – ce qui n'existe pas dans les épopées grecques). La longue gestation (plusieurs siècles) de la version de Ninive dont nous disposons pour cette édition peut expliquer cette impression. Peut-être aussi avons-nous tendance à examiner avec nos propres critères cette œuvre qui appartient à une autre civilisation.

L'épopée comprend en effet deux grandes parties :

1. Les exploits de Gilgamesh et d'Enkidu : cette partie s'achève par la mort d'Enkidu.
2. Le voyage de Gilgamesh en quête de l'immortalité : cette partie s'achève par le retour du souverain à Uruk.

• *Les récits emboîtés*

La narration suit le déroulement des événements mais différents récits emboîtés (on parle aussi de « récits enchâssés ») lui donnent une certaine épaisseur. L'insertion des paroles rapportées est souvent complexe car un personnage peut, dans son discours, restituer les propos d'un autre personnage. C'est, par exemple, le cas du survivant du Déluge qui rapporte, lorsqu'il s'adresse à Gilgamesh, les paroles que le dieu Ea lui a adressées pour le mettre en garde.

On compte cinq récits emboîtés :

Tablette II : La Joyeuse rapporte à Enkidu la scène au cours de laquelle Gilgamesh a raconté ses rêves à sa mère. L'emboîtement est ici double : le récit des rêves est inséré dans le dialogue avec la Bufflesse et ce dialogue lui-même est introduit dans l'échange entre Enkidu et la courtisane *(« Voici le récit qu'il fit à sa mère »).*

Tablette IV : Gilgamesh raconte ses rêves à Enkidu, qui les interprète.

Tablette VI : Gilgamesh raconte les amours successifs d'Ishtar. Il s'adresse à la déesse mais aussi au lecteur.

Tablette VII : Enkidu raconte ses rêves à Gilgamesh, qui les interprète.

Tablette XI : Ut-Napishtim conte à Gilgamesh l'histoire du Déluge.

- **Le schéma narratif**

Bien que partagée en deux étapes bien distinctes et enrichie de récits emboîtés, l'épopée présente toutefois une unité. En effet, centrée sur le personnage de Gilgamesh, elle suit le fil conducteur d'un schéma narratif simple, la fin du récit répondant au problème posé au départ.

Voir le tableau à la page suivante.

Structure du récit

<table>
<tr><td colspan="3">SITUATION INITIALE
La cité d'Uruk est gouvernée par le très puissant souverain Gilgamesh.</td></tr>
<tr>
<td>ÉLÉMENT PERTURBATEUR
Les habitants se plaignent aux dieux des abus de pouvoir de leur roi.

Le problème de l'épopée est posé :
comment faire de Gilgamesh un souverain raisonnable ?</td>
<td>PÉRIPÉTIES
• Tablette I : les dieux créent Enkidu.
• Tablette II : Enkidu se bat contre Gilgamesh et devient son ami.
• Tablettes III à V : Gilgamesh et Enkidu tuent Humbaba, le gardien de la forêt de Cèdres.
• Tablette VI : Gilgamesh et Enkidu tuent le Taureau-Céleste envoyé par la déesse Ishtar pour anéantir le roi et sa cité.
• Tablettes VII et VIII : Enkidu meurt.
• Tablettes IX à XI : Gilgamesh part en quête de l'immortalité :
– il franchit différents obstacles grâce à des rencontres successives : les lions, les hommes-scorpions, la tavernière, le nocher ;
– il rencontre Ut-Napishtim, l'unique survivant du Déluge ;
– il échoue dans sa quête car il ne parvient pas à rester éveillé sept jours et sept nuits d'affilée ;
– il échoue dans sa quête car il perd le faux jasmin.</td>
<td>ÉLÉMENT DE RÉSOLUTION
Gilgamesh retrouve la ville d'Uruk.

Le problème de l'épopée est résolu :
le souverain admire sa ville ; on comprend que, désormais, il va la respecter.</td>
</tr>
<tr><td colspan="3">SITUATION FINALE SUGGÉRÉE
La ville d'Uruk est gouvernée par un souverain puissant et raisonnable.
De cette manière, Gilgamesh atteint l'immortalité d'un monarque qui restera dans les mémoires.</td></tr>
</table>

Les personnages

• Gilgamesh et Enkidu

Gilgamesh est incontestablement le personnage principal de l'épopée : il est de sang royal – ce qui n'est pas le cas de son ami –, et il existe avant et après Enkidu.
Mais, dans la première partie de l'épopée, ce personnage héroïque est double : on peut, en effet, considérer qu'Enkidu, souvent présenté comme le jumeau du roi, est un second Gilgamesh. N'a-t-il pas été créé par les dieux à l'image du souverain d'Uruk, puis adopté par Ninsuna la Bufflesse, la mère de Gilgamesh ? D'ailleurs, sa mort sera vécue par le monarque comme s'il s'agissait de sa propre mort – ce qui explique la quête de l'immortalité qui constitue la seconde partie de l'épopée.

• Adjuvants et opposants

Autour des deux héros, puis du seul Gilgamesh, les autres personnages se définissent selon qu'ils apportent leur aide ou, au contraire, nuisent aux personnages. Ainsi, certains dieux, comme Samash, soutiennent les deux héros, alors que d'autres, comme Ishtar ou Enlil, veulent leur mort.
Mais, le plus souvent, les personnages secondaires jouent un double rôle, à la fois positif et négatif. Humbaba, par exemple, apparaît comme un obstacle à vaincre, alors qu'en réalité il va assurer la gloire des deux héros et renforcer leur amitié. De la même manière, dans la seconde partie de l'épopée, les hommes-scorpions semblent être des obstacles puisqu'ils barrent le passage des monts Jumeaux et préservent le domaine des dieux. Pourtant, ils vont aider Gilgamesh dans sa quête en l'avertissant quant à l'obscurité qui l'attend pendant plus de 100 km.

Ainsi, la composition de l'épopée et la mise en place des personnages témoignent d'une maîtrise élaborée de l'art du récit.

Il était une fois, en Mésopotamie...

Depuis le milieu du XIXe siècle, des archéologues et différents spécialistes travaillent à comprendre une civilisation qui a rayonné pendant plusieurs millénaires avant de sombrer dans l'oubli. Les ruines et les documents découverts livrent peu à peu leurs secrets et nous permettent d'approcher des hommes à la fois très différents et très proches de nous.
Toutes les dates que nous indiquons s'entendent, bien sûr, avant Jésus-Christ...

QUATRE MILLE ANS D'HISTOIRE

Le mot *Mésopotamie* (qui vient du grec et signifie « entre deux fleuves ») nous rappelle la situation privilégiée de cette civilisation installée entre le Tigre et l'Euphrate, région correspondant à peu près à l'Irak actuel (voir carte, p. 4).

- **Les Sumériens et les Akkadiens**

On commence à parler de « civilisation mésopotamienne » lorsque se rencontrent, durant le IVe millénaire, deux peuples bien différents : les Sumériens et les Akkadiens. Les Akkadiens sont originaires d'Arabie et leur langue s'apparente aux autres langues sémitiques que sont l'hébreu, l'araméen ou l'arabe. L'origine des Sumériens est plus mystérieuse et leur langue ne ressemble à rien de connu dans la région.
Au départ, c'est la civilisation sumérienne qui domine : elle donne naissance à l'écriture vers 3400 et nourrit la légende de Gilgamesh. Mais les Akkadiens, plus nombreux, s'imposent progressivement, de sorte que la culture mésopotamienne est bel et bien le fruit de ce glissement d'une sensibilité à une autre.

• Les cités-États

Vers 3000 se développent, le long des fleuves, une douzaine de cités-États indépendantes, constituées d'une ville, de la campagne et des villages environnants. Chaque cité est gouvernée par un roi. Parmi les plus fameuses, on trouve Uruk, la ville de Gilgamesh. Les relations entre les cités sont loin d'être toujours pacifiques, la puissance des unes s'affirmant aux dépens des autres.

• Les royaumes

Vers 2300, après de nombreuses guerres, un royaume se fonde, centré sur la ville d'Akkad ; l'akkadien devient la langue officielle. Pendant quelques siècles, l'éparpillement des cités-États alterne avec des royaumes centralisés quand certaines cités dominent, comme ce sera le cas des rois sumériens de la IIIe dynastie d'Ur (v. 2100-2000), puis du roi Hammurabi – ou Hammourabi – (chronologie controversée : XVIIIe ou XVIIe siècle), qui fait de Babylone sa capitale et consacre la domination du royaume babylonien sur la Mésopotamie. « *Justice et équité* » constituant sa devise, le « code » qu'il établit insiste sur la mesure et la raison.

• Les envahisseurs

Après Hammurabi, dont le royaume était prospère, la Mésopotamie connaît une succession d'invasions : les Hurrites, les Hittites, les Kassites... Les Assyriens, un peuple septentrional occupant l'Assyrie et annexé à Babylone sous le règne d'Hammurabi, imposent leur langue et leur pouvoir. Durant le premier tiers du Ier millénaire, la Mésopotamie est sous leur domination. De nouvelles capitales apparaissent, notamment Ninive, où le roi Assurbanipal (VIIe siècle) fait construire une prestigieuse bibliothèque dans laquelle il réunit, entre autres ouvrages, les tablettes sur lesquelles on peut lire la version la plus longue de l'épopée de *Gilgamesh*.

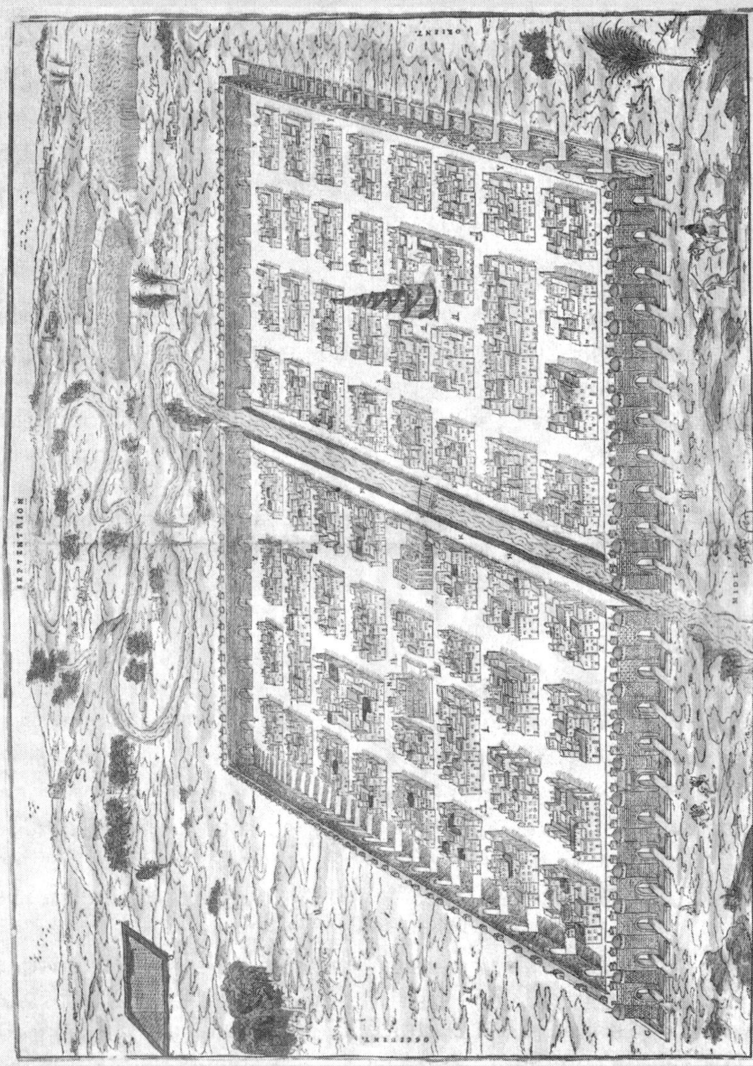

**Plan de Babylone
selon Hérodote et Diodore de Sicile.**

En 539, Babylone tombe sous la domination de Cyrus II, le fondateur de l'Empire perse achéménide dont la Mésopotamie est alors une province (une « satrapie »). Deux siècles plus tard, l'imposant Empire perse se soumet à son tour aux Grecs menés par Alexandre le Grand (356-323). La culture mésopotamienne sombre alors progressivement dans l'oubli pour presque deux millénaires...

Une civilisation prestigieuse

• Le commerce

L'épisode du combat contre Humbaba, déjà présent dans les légendes sumériennes, exprime probablement la façon dont les anciennes cités procédaient pour récupérer les matériaux (ici, le bois) dont elles avaient besoin pour leurs constructions, et l'on devine que le pillage a contribué au prestige de la civilisation mésopotamienne. Mais le commerce fut un moyen plus pacifique d'obtenir les produits indispensables et les caravanes se sont multipliées au cours des millénaires, échangeant des denrées et important notamment les produits qui manquaient aux Mésopotamiens : bois de construction, pierres, métaux et minerais, tels que l'étain, le cuivre, l'or et l'argent.

• L'invention de l'écriture

L'écriture commence à apparaître vers 3400 chez les Sumériens : des signes en forme de clous – les fameux signes cunéiformes – sont gravés à l'aide des calames (tiges de roseau taillées à bout triangulaire) sur des tablettes d'argile. Mais l'écriture n'est pas née du jour au lendemain ! On peut distinguer plusieurs étapes :

– Le texte écrit est, au départ, un aide-mémoire qui ne peut être compris que par celui qui l'a tracé et qui ne constitue pas encore un moyen de communication. Des dessins stylisés permettent de

représenter rapidement un bœuf ou un vase et de les compter, facilitant ainsi le commerce.
– Puis ces pictogrammes (dessins représentant des objets) deviennent des idéogrammes (dessins représentant des idées). Le signe qui exprime un pied pourra aussi évoquer le fait de marcher, de se tenir debout ou de transporter des denrées... Seul celui qui a noté peut retrouver ce qu'il a voulu retenir ; il s'agit donc encore d'un aide-mémoire.
– Un ou deux siècles après, ceux qui manient le calame ont compris que le dessin pouvait représenter un mot, et donc les sons de ce mot. Jean Bottéro donne un exemple de cette étape essentielle : « *En dessinant, mettons, la flèche, la main, l'eau* [...], *on s'est aperçu que ces croquis n'évoquaient pas seulement les objets matériels auxquels ils renvoyaient, mais aussi* leur nom *dans la langue parlée : le sumérien ; soit* ti *pour "la flèche",* shu *pour "la main" et* a *pour "l'eau"* » (*Babylone et la Bible*, coll. « Pluriel », Hachette, 1999). Les signes écrits deviennent alors compréhensibles par tous.
Les deux fonctions des signes (représenter une chose ou un son) ont longtemps cohabité ; la représentation des sons avait l'avantage de permettre l'expression de notions abstraites. Ainsi, pour reprendre l'exemple donné par Jean Bottéro, une « réception », qui se prononçait « *shutia* », pouvait être écrite avec les signes *shu* (la « main »), *ti* (la « flèche ») et *a* (l'« eau »). Lorsque l'akkadien a pris le pas sur le sumérien, la représentation des sons a primé sur celle des choses.
À la fin du IIIe millénaire, le système cunéiforme est suffisamment perfectionné pour exprimer toutes les subtilités de la langue et servir de support à la littérature. Mais, l'écriture comptant, selon les époques, entre 500 et 1 000 signes, on comprend mieux pourquoi elle est restée l'affaire d'une minorité de personnes !

• Des scientifiques ?

Les anciens Mésopotamiens avaient un calendrier fondé sur les phases de la Lune ; ils savaient prévoir les éclipses de Lune ou de Soleil, utiliser un système de numération (à base décimale [10] ou sexagésimale [60]), résoudre des problèmes de mathématiques... Mais leurs traités, témoins d'un grand esprit d'observation et d'un souci de classification, se réduisent à des listes de cas et ne parviennent pas à proposer de généralisations. De plus, la religion imprégnant en profondeur la vie quotidienne et la pensée, il est difficile de parler de « démarche scientifique » comme nous l'entendons aujourd'hui.

• Une civilisation élaborée

Si certains Mésopotamiens sont nomades, d'autres vivent dans des cités ou dans les villages et les campagnes rattachés à une cité. La société est hiérarchisée : on y distingue les hommes libres et les esclaves, qui ne peuvent pas disposer de leur existence à leur gré. Les hommes libres se divisent eux-mêmes en deux groupes : les *awîlu* sont d'un rang social élevé, tandis que les *mushkênu*[1] (littéralement « ceux qui se prosternent ») sont plus modestes, voire sans ressources. Les femmes sont considérées comme inférieures aux hommes mais elles disposent d'une certaine liberté et peuvent posséder des biens propres et accéder à certaines pratiques élitistes comme l'écriture ou la médecine.

note

1. Le mot *mushkênu*, repris ensuite en arabe, est à l'origine de notre adjectif « mesquin » qui désigne un esprit étroit, sans générosité.

Le roi exerce une autorité à la fois politique et religieuse, mais son pouvoir n'est pas toujours tyrannique, comme en témoigne le code du roi Hammurabi qui est un ensemble de lois destinées à réglementer la société.

Les archéologues continuent de dégager les fondations de villes prestigieuses : temples, palais, bibliothèques... Les objets et les tablettes découverts révèlent une brillante civilisation qui a rayonné sur le Proche-Orient pendant plusieurs millénaires et inspiré notre culture et notre sensibilité avant de disparaître pendant près de deux mille ans sous les sables du désert.

Stèle du Code de lois du roi Hammurabi : le roi face au dieu du Soleil Samash.

Chronologie

DATES (AV. J.-C.)	HISTOIRE	*GILGAMESH*
Vers 4000	Début de la civilisation mésopotamienne.	
Vers 3400	Invention de l'écriture. Cités-États indépendantes.	
Vers 2650		Règne de Gilgamesh, dans la ville d'Uruk.
Vers 2300-2000	Fondation du royaume d'Akkad. Royaume de la IIIe dynastie d'Ur.	On commence à écrire les légendes sumériennes de *Gilgamesh*.
Vers 1750-1600	Le roi Hammurabi réunit les cités pour former un royaume centré sur Babylone.	Un auteur inconnu compose le *Poème d'Atrahasis* ou *du Supersage* ; un autre écrit l'épopée de *Gilgamesh*, un poème de 2 000 vers (version dite « ancienne » ou « babylonienne »).
Vers 1600-1000	Le royaume connaît des difficultés et différents envahisseurs, mais Babylone continue de rayonner intellectuellement.	
Vers 1000	L'Assyrie domine.	Sînleqe'Unnennî réécrit *Gilgamesh* : c'est la version trouvée à Ninive.
539	Le pays tombe sous la domination perse.	
330	Le pays passe sous la domination d'Alexandre le Grand et des Grecs.	
250		Dernier manuscrit connu de *Gilgamesh*.
Ier siècle	Oubli progressif de la civilisation mésopotamienne.	
74 ap. J.-C.		Dernière tablette en cunéiforme.

Histoire d'un texte

Alors qu'on peut dater très précisément les œuvres de notre patrimoine proche et leur attribuer un auteur, il est impossible de dire par qui et en quelle année a été composée l'épopée de *Gilgamesh*. Le même flou domine pour la Bible et pour les épopées grecques attribuées, sans certitude absolue, à Homère.

Un texte incomplet

Gilgamesh est la plus ancienne œuvre littéraire que nous connaissions. Dans son intégralité, elle devait compter 3 000 vers dont il ne nous reste que des fragments correspondant aux deux tiers mais répartis de telle sorte que l'on peut reconstituer la ligne directrice de ce poème. L'épopée connaît de nombreuses versions. Des légendes sumériennes au dernier manuscrit connu, il ne s'écoule pas moins de deux mille ans !

Une transmission orale

Au début de notre Histoire, la notion d'« auteur » n'existe pas ; aussi de nombreux lettrés ont-ils contribué à élaborer l'épopée de *Gilgamesh*. Et comme l'écriture et la lecture étaient réservées à une élite, ce récit (comme les épopées grecques) a très certainement été transmis oralement.

On pense que Gilgamesh a réellement régné vers 2650 av. J.-C. Les premières légendes sumériennes qui rapportent ses aventures apparaissant trois cents ans plus tard, on peut vraisemblablement penser qu'entretemps l'histoire du souverain a été étoffée par la tradition orale.

Enfin, de même que le souverain d'Uruk est le roi de toute une ville, voire, comme le suggère son ami Enkidu, de « *tous les peuples* », son histoire appartient à tous. Ses exploits et ses interrogations expriment donc les valeurs et les questions de tout un peuple.

Les légendes sumériennes

Alors que la civilisation et la langue sumériennes se voient peu à peu remplacées par la culture akkadienne, les lettrés de la cité sumérienne d'Ur, désireux de garder une trace de leur langue et de leur patrimoine, fixent sur des tablettes d'argile les légendes qui ont pour héros l'ancien souverain de la ville d'Uruk. On compte cinq légendes, souvent mal conservées :

1. Gilgamesh et Akka (ou Agga) : Akka, le roi de Kis (ou Kish), est vaincu par Gilgamesh qui le traite avec clémence.

2. Gilgamesh et Huwawa (ou Humbaba) : Gilgamesh et son serviteur Enkidu, voyant que la ville connaît une grave épidémie, partent en expédition dans une forêt de résineux gardée par un terrible géant.

3. Gilgamesh et le Taureau-Céleste : l'animal monstrueux est envoyé par Ishtar pour détruire Uruk.

4. Gilgamesh, Enkidu et l'Enfer : Gilgamesh envoie son serviteur chercher une sorte de cerceau tombé dans les Enfers.

5. La mort de Gilgamesh : malade, le souverain va mourir et les dieux lui promettent une place de juge aux Enfers.

Ces légendes sumériennes constituent bien la matrice de l'épopée telle que nous la connaissons.

L'épopée

• La version ancienne

Au XVIIIe ou XVIIe siècle avant J.-C. (selon les sources), la Mésopotamie est dominée par les Akkadiens. Le puissant roi Hammurabi a rassemblé le royaume sous l'autorité de Babylone. S'inspirant du poème contemporain d'*Atrahasis* ou du *Supersage* et des légendes sumériennes, un lettré particulièrement doué compose la version ancienne de l'épopée de *Gilgamesh* dont nous n'avons plus que quelques fragments épars et qui devait compter 2 000 vers. On ne peut s'empêcher de penser que l'auteur inconnu de ce texte avait en tête Hammurabi quand il a composé son œuvre. En effet, à l'image d'un roi abusif dans les premières tablettes succède celle d'un roi prêt à combattre le Taureau-Céleste pour sauver sa ville. Grâce à Enkidu et notamment à sa mort, Gilgamesh devient un roi plus humain et raisonnable.

- **La version de Ninive**

Aux environs de l'an 1000, un certain Sînleqe'Unnennî, dont nous ne savons rien, compose en akkadien les 3 000 vers d'une nouvelle version de l'épopée. Il reprend, dans un style plus répétitif, le plan du texte écrit environ sept cents ans plus tôt. Organisé en 11 tablettes, les deux tiers de ce texte ont été trouvés dans la bibliothèque du roi Sardanapale à Ninive : voilà pourquoi on parle d'une version dite « de Ninive » ou « ninivite ». On a également découvert une 12e tablette (voir p. 128) qui propose non pas une suite à l'épopée, mais une autre version de la mort d'Enkidu inspirée de la légende sumérienne traitant de la descente aux Enfers du géant.

L'OUBLI

Un morceau correspondant à la tablette X, datant de 250 avant J.-C. et retrouvé à Babylone, atteste de l'intérêt persistant de l'épopée. Et – qui sait ? – de nouvelles fouilles dégageront-elles peut-être de nouvelles tablettes...

Au IIe ou Ier siècle avant J.-C., des fragments araméens trouvés près de la mer Morte mentionnent encore Gilgamesh et Humbaba dans une énumération de géants.

Mais, vers la fin du Ier siècle de notre ère, plus personne ne sait déchiffrer le cunéiforme et l'histoire de Gilgamesh quitte les mémoires.

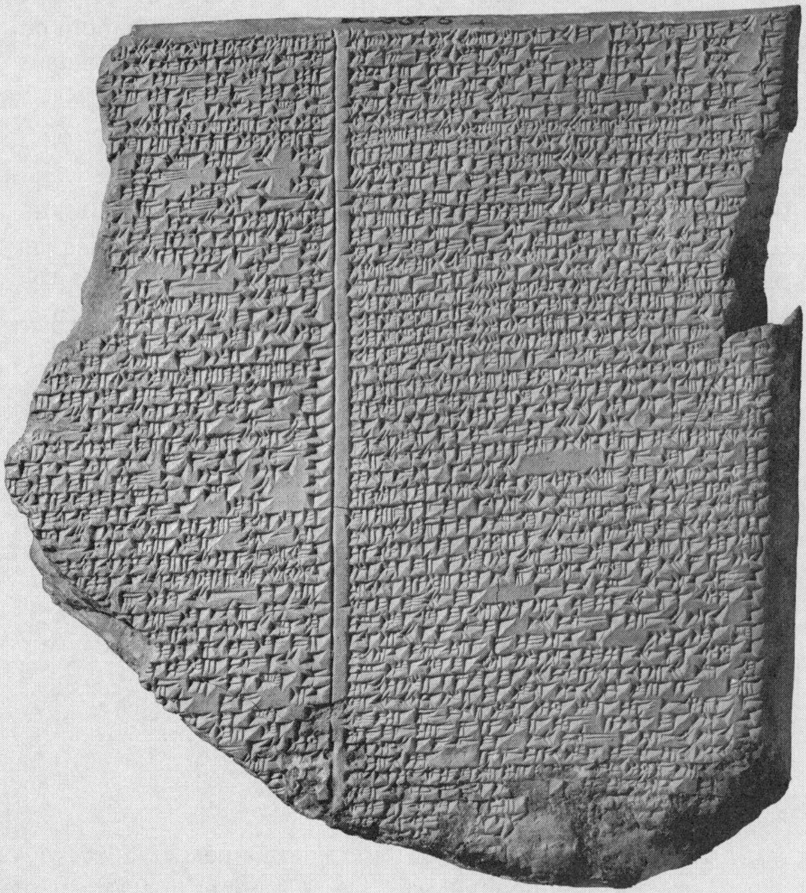

Une des tablettes relatant l'épopée de Gilgamesh.

Au IIe siècle, le Romain Claude Élien (mais qui s'exprime en grec) évoque un certain Gilgamos (nom grec), descendant d'un roi de Babylone, et, au VIe siècle, le nestorien[1] Théodore bar Qoni le mentionne comme un contemporain d'Abraham. Puis le nom de Gilgamesh, ce souverain qui ne voulait pas mourir, sombre dans l'oubli pour plus de mille ans.

La redécouverte

Dans la seconde moitié du XIXe siècle, les mystérieuses tablettes en cunéiforme livrent leur secret. Tout le long du Tigre et de l'Euphrate, principalement autour de Babylone, mais aussi à Ninive ou en Asie Mineure, de nombreux textes de l'épopée de *Gilgamesh* sont retrouvés, décryptés, datés, traduits et commentés. Des assyriologues, comme Jean Bottéro, font connaître cette œuvre littéraire très ancienne et des écrivains, comme Léo Scheer, adaptent le texte pour le rendre plus accessible aux lecteurs d'aujourd'hui.

note

1. nestorien : religieux appartenant à une branche dissidente du christianisme.

Mythologie et explication du monde

Aujourd'hui, nous savons que la Terre est ronde et qu'elle tourne autour du Soleil. Mais nous continuons à nous interroger sur la forme, la dimension ou l'origine du monde.
Ces questions ne sont pas nouvelles. En effet, bien avant les Grecs, les Hébreux et les Arabes dont nous avons hérité notre savoir, les Mésopotamiens ont proposé, dans leurs récits mythologiques, une explication du monde, de sa géographie et de ses origines. En quoi la mythologie mésopotamienne est-elle fondatrice ? En quoi les cultures dans lesquelles nous puisons nos racines sont-elles cependant profondément différentes ?

En Mésopotamie

Bien avant d'adopter une démarche scientifique pour comprendre son environnement, l'humanité a eu recours à l'imagination et aux mythes. Dépourvus de la logique et de la raison que nous connaissons, les mythes sont des histoires qui proposent une explication du monde. Ils ne racontent pas des événements qui se sont vraiment déroulés mais expriment une réflexion ou une interrogation.

- **Les dieux et les hommes**

Au-dessus du monde que nous percevons, il existe, selon les anciens Mésopotamiens, un monde surnaturel, invisible. L'univers est gouverné par une communauté de dieux nombreux et puissants.
Quelques figures majeures se détachent : tout en haut de la hiérarchie des dieux trône Enlil, le dieu initialement rattaché à l'Air ; il est supposé avoir succédé à An (ou Anu), considéré comme le père de tous les dieux. À côté d'eux se tient Enki-Ea (Enki est son nom sumérien, Ea son nom akkadien), le dieu des Eaux souter-

raines mais aussi de l'Intelligence. Les déesses n'occupent pas le premier plan, si ce n'est Ishtar, la déesse du Ciel, qui représente à la fois l'amour libre et la discorde, comme en témoigne l'épopée de *Gilgamesh*.
Comme plus tard chez les Grecs et les Romains, les dieux ressemblent aux hommes : on parle d'« anthropomorphisme ». Ils sont aussi parfois confondus avec les statues supposées les représenter.

- **La représentation du monde**

Les Sumériens perçoivent la Terre comme un disque plat flottant sur la mer (la Méditerranée, le golfe Persique). Le monde lui-même est une vaste sphère dont la calotte supérieure est le Ciel et la calotte inférieure le domaine des Enfers. Cette vaste sphère est, quant à elle, portée par la mer Primordiale.

- **La création du monde et de l'homme**

Selon le spécialiste Samuel Noah Kramer, les Sumériens pensaient que la Terre et le Ciel, soudés l'un à l'autre, étaient nés de la mer Primordiale et que tous trois étaient représentés par des dieux. Puis Enlil, le dieu de l'Air, est intervenu pour séparer le Ciel et la Terre.
Le *Poème du Supersage* (v. 1700 av. J.-C.) raconte comment les dieux secondaires, fatigués d'assurer entièrement le fonctionnement du monde, protestèrent auprès des dieux puissants. L'ingénieux Enki-Ea imagina alors la création d'êtres mortels qui pourraient accomplir à leur place toutes ces tâches si ennuyeuses : en mélangeant de l'argile, pour rappeler leur destin mortel, et le sang d'une divinité mineure, pour évoquer leur intelligence, les dieux créèrent donc les hommes sur lesquels ils gardèrent tout pouvoir.

De la Mésopotamie à la Grèce antique

• L'héritage mésopotamien

Certains mythes et certaines représentations grecs du monde puisent dans cette mythologie mésopotamienne ; c'est ce que montre le groupement de textes en évoquant le demi-dieu Héraclès (Hercule en latin) ou la descente aux Enfers. Les eaux mortelles que Gilgamesh doit traverser avec l'aide du nocher pour rejoindre le rivage des dieux trouvent leur prolongement dans le fleuve des Enfers. Les quatre éléments des Grecs (l'eau, la terre, l'air et le feu) ne sont pas non plus sans rappeler les divinités sumériennes fondamentales impliquées dans la création du monde : la terre, le ciel, la mer et l'air. Sans doute le goût des Mésopotamiens pour les classifications et les bibliothèques a-t-il inspiré aussi aux Grecs la fameuse bibliothèque d'Alexandrie. Et l'on pourrait sûrement trouver d'autres emprunts... Mais on aurait tort, bien sûr, d'aller jusqu'à dire que les Grecs n'ont rien inventé !

• La nouveauté grecque dans la représentation du monde

Même si les dieux et les mythes sont encore très présents dans la culture grecque (comme les Mésopotamiens, les Grecs sont polythéistes : ils croient en plusieurs dieux), des philosophes et des scientifiques grecs, au VIe siècle avant J.-C., ont cherché à expliquer l'origine de l'univers et à le décrire de manière rationnelle, sans recourir ni aux dieux ni aux mythes.

• La représentation du monde chez les Grecs

Après avoir vu la Terre comme un disque, les Grecs, suivant Pythagore (VIe-Ve siècles av. J.-C.), la perçoivent comme une sphère dans un univers fini, lui-même sphérique, le cercle étant considéré comme une figure parfaite. Mais Pythagore sait bien que la vie sur

Terre est loin d'être parfaite... Aussi divise-t-il l'univers en deux parties : le monde sous la Lune, qui connaît la mort, et le monde au-dessus de la Lune, qui est harmonieux et éternel. Le philosophe Platon et son disciple Aristote (ils se succèdent au IVe siècle av. J.-C.) placent la Terre au milieu du cosmos. Ce géocentrisme, repris par le savant grec Claude Ptolémée au IIe siècle de notre ère, va marquer la vision du monde pendant des siècles.

De la Mésopotamie à la Bible

• L'héritage mésopotamien

Même si la Bible raconte l'histoire du peuple hébreu et la naissance du monothéisme (religion basée sur la croyance en un dieu unique), cela n'empêche pas ses différents auteurs de puiser dans le patrimoine mésopotamien, notamment pour raconter la création du monde et l'épisode du Déluge (voir p. 136).

• La nouveauté biblique

Progressivement, comme le montrent les spécialistes, le peuple juif affirme son originalité. Non seulement il ne croit qu'en un seul dieu, mais ce dieu doit être, selon eux, le dieu de tous les peuples. Une autre nouveauté fondamentale émerge : ce dieu unique ne ressemble pas aux hommes (contrairement à l'anthropomorphisme mésopotamien et grec) et il n'est pas non plus un surhomme (contrairement aux dieux des religions polythéistes) ; il est radicalement différent des hommes et ne peut être représenté. La Bible est le texte fondateur des trois grandes religions monothéistes : le judaïsme, le christianisme et l'islam. La représentation du monde qu'elle propose va modeler la pensée et la perception des Occidentaux et restera incontestée jusqu'à la Renaissance.

• La représentation du monde jusqu'à la Renaissance

L'Église condamne, au départ, la conception grecque du monde car l'idée d'« éternité » qu'elle suppose est incompatible avec la création du monde racontée dans le livre de la *Genèse*.

Au XIIe siècle, au contact des Arabes lors des Croisades, les Européens renouent avec les textes anciens. En effet, ce sont les philosophes arabes (Avicenne, Averroès) qui ont redécouvert les textes de l'Antiquité et ont permis la transmission de ces savoirs à l'Occident chrétien. L'Église reprend alors le principe du cosmos grec de Ptolémée mais lui ajoute un étage : celui occupé par Dieu. Ce géocentrisme, qui combine la vision biblique et l'ancien système grec, fait autorité encore au XVIe siècle, au moment du procès de Galilée.

De Copernic aux savants du XXIe siècle

• De Copernic à Newton

Au milieu du XVIe siècle, Nicolas Copernic, un religieux et astronome polonais, remet en cause le système de Ptolémée et, dès 1530, place le Soleil au milieu du système imaginé par les Grecs tout en affirmant que la Terre tourne sur elle-même et autour du Soleil. Le géocentrisme fait ainsi place à l'héliocentrisme (en grec, *hélios* désigne « le Soleil »). L'Église ne perçoit pas tout de suite la révolution introduite par Copernic. Mais, en 1592, l'Italien Giordano Bruno, qui reprend la thèse de Copernic et affirme que l'univers est infini, est arrêté par le tribunal religieux de l'Inquisition[1]. Accusé de

note

1. ***Inquisition :*** institution chargée de condamner toute pensée contraire à la foi catholique.

remettre en question la vision biblique du monde imposée par l'Église, il est brûlé vif en 1600. Galilée, un autre savant italien, s'appuyant sur les observations astronomiques faites grâce à la lunette qu'il invente en 1609, affirme lui aussi que la Terre tourne autour du Soleil. À son tour arrêté par l'Inquisition, il échappe au bûcher en acceptant de renoncer à ses affirmations !
À partir de ce moment, la physique se développe et l'Anglais Isaac Newton découvre, vers 1665, les lois de la gravitation universelle selon lesquelles les astres sont attirés les uns vers les autres. Mais, l'origine de ces lois restant un mystère, Newton en appelle à Dieu.

- **Du Siècle des lumières au XXIe siècle**

Progressivement, cependant, la science se sépare de la religion et les philosophes des Lumières voient Dieu comme un « grand horloger » qui a créé le monde pour le laisser ensuite fonctionner seul. Les hommes comprennent aussi qu'ils ne doivent pas se fier seulement à leurs sens (la vue, l'ouïe...) pour percevoir le monde mais qu'ils doivent aussi se servir de leur raison, de leur esprit. En effet, nous avons l'impression que le Soleil se déplace dans le ciel au fil de la journée, alors que c'est en réalité la Terre qui tourne sur elle-même.
Les théories qui se succèdent au XXe siècle et les questions que les scientifiques se posent aujourd'hui dépassent largement la perception de nos sens. Albert Einstein (1879-1955) a ainsi montré que le temps et l'espace étaient liés, que la gravitation n'était pas une question de forces mais un effet de la déformation de l'espace par la masse des astres... Comment pouvons-nous sentir, concevoir que l'espace est déformé par la matière ?
Des découvertes aussi prodigieuses que celle de Copernic se succèdent de nos jours sans que le grand public parvienne vraiment à les saisir. L'astronome américain Edwin Hubble, en 1929, confirme l'existence d'autres galaxies (en plus de la Voie

Nicolas Copernic (1473-1543).

lactée) et découvre que celles-ci s'éloignent les unes des autres. Deux ans plus tôt, le religieux et physicien Belge Georges Lemaître avait suggéré que l'univers était en expansion depuis son origine et qu'il se refroidissait : c'est la théorie du big-bang, admise depuis 1965.
Mais les réponses et les découvertes appellent d'autres questions : on parle de « matière noire », de « trous noirs », d'« énergie sombre »... autant d'expressions qui traduisent et suscitent notre curiosité scientifique tout en stimulant notre imagination.

Une épopée fondatrice

Le mot *épopée* associe les termes grecs *epos*, qui désigne « ce que la parole exprime », et *poïen*, qui signifie « fabriquer ». C'est le philosophe grec Aristote (IVe siècle av. J.-C.) qui, dans sa *Poétique*, définira le premier ce genre en s'appuyant sur l'*Iliade* et l'*Odyssée* d'Homère.
Les récits homériques, considérés comme exemplaires du genre épique, mettent en avant les hauts faits de héros hors du commun. Les qualités dont Achille ou Ulysse font preuve, malgré leurs défauts respectifs, témoignent des valeurs d'une civilisation. Les épopées qui vont suivre, de l'*Énéide* de Virgile aux chansons de geste de notre Moyen Âge, doivent être lues en référence à l'*Iliade* et l'*Odyssée*.
Que dire alors de *Gilgamesh*, composé bien avant les poèmes homériques ? Peut-on appliquer à ce récit le terme d'« épopée » qui lui est postérieur ? Dans quelle mesure la légende sumérienne du souverain d'Uruk nous montre-t-elle que ce genre de l'épopée, presque aussi ancien que l'écriture, exprime les préoccupations primitives et fondamentales des hommes ?

DES AVENTURES EXTRAORDINAIRES ET DES HÉROS

• Des obstacles et des exploits

L'enchaînement des obstacles à surmonter et des exploits à accomplir caractérise *Gilgamesh*. On pourrait parler, comme au cinéma, d'un « récit d'actions » ou, plus précisément, d'un « récit de combats ». Qu'il soit seul ou accompagné d'Enkidu, Gilgamesh ne cesse de se battre : Humbaba, le Taureau-Céleste, les lions qui gardent les monts Jumeaux, le nocher... La première rencontre entre les deux amis est d'ailleurs un affrontement qui s'achève curieusement par un double aveu de la supériorité de l'autre.

Le combat peut même être un but en soi et non un moyen au service d'une fin plus noble. En effet, le face-à-face avec Humbaba n'est rien d'autre qu'un défi lancé à une créature plus puissante encore que les deux géants. Le gardien de la forêt de Cèdres n'a pas quitté son domaine, ni provoqué les habitants d'Uruk : le combat et le meurtre qui l'achève sont donc gratuits. Il s'agit simplement, pour le héros, de montrer sa force et son courage en surmontant une difficulté.

Par la suite, les obstacles prennent sens et les personnages ne se battent plus pour rien : les deux amis tuent le Taureau-Céleste qui menaçait la ville d'Uruk, et les combats contre les lions et le nocher permettent à Gilgamesh de rencontrer Ut-Napishtim.

• La place du surnaturel

Il est d'usage de dire que l'épopée autorise les phénomènes ou les créatures surnaturels. Mais ce terme de « surnaturel » n'a de sens que par rapport à notre vision réaliste et scientifique du monde, alors que le récit de *Gilgamesh* rend compte d'une civilisation qui mêle étroitement la réalité et le sacré, l'histoire et la légende, et pour qui le surnaturel, tel que nous le définissons, fait partie du quotidien.

Les deux héros eux-mêmes, de taille et de force peu communes, montrent la place qu'occupait alors le surnaturel. D'autres créatures, comme le demi-dieu Humbaba, le Taureau-Céleste ou les hommes-scorpions, nous donnent aussi l'impression que l'épopée se déroule dans un monde merveilleux. Mais il s'agit bien du réel tel que les Sumériens l'interprétaient et non d'un monde parallèle comme dans nos contes ou nos romans fantastiques.

• Un héros épique extraordinaire...

Gilgamesh est un homme extraordinaire, un géant capable de franchir les deux immenses fossés qui entourent la forêt des dieux, de porter une épée de 200 kg, d'ouvrir une faille en frappant des pieds. Avant Hercule, c'est un demi-dieu, fils d'un mortel et d'une déesse – ce qui peut expliquer cette force surhumaine. Les hommes-scorpions qui gardent le passage des monts Jumeaux s'interrogent d'ailleurs au sujet de cet homme téméraire qui s'avance vers eux : *« Celui qui nous arrive, sa personne a quelque chose de surnaturel ; son corps est-il fait de chair divine ? »* Mi-homme, mi-dieu, il obtient l'indispensable soutien des dieux, sans lequel ses exploits n'auraient pas été possibles : avant Ulysse, le héros grec aidé par Athéna, le souverain d'Uruk est épaulé par Samash, le dieu du Soleil, qui envoie treize vents pour affaiblir Humbaba.

Mais la force et le soutien des dieux ne suffisent pas, et le héros épique fait aussi preuve de courage : *« Nos forces suffiront à tuer le Taureau. Je veux extraire son cœur pour l'offrir au dieu Soleil »*, affirme Gilgamesh à Enkidu, alors que l'animal monstrueux envoyé par la déesse Ishtar vient d'assécher l'Euphrate en sept lampées. Plus loin, quand il part en quête de l'immortalité, le souverain d'Uruk ne se laisse pas impressionner par les lions ni par les hommes-scorpions destinés à arrêter les humains qui voudraient pénétrer dans le monde des dieux.

- **... mais profondément humain**

En effet, malgré ces qualités hors du commun, le héros épique est profondément humain. Homère nous montre un Achille en larmes prenant dans ses bras Priam, le chef troyen dont il a tué le fils, ou un Ulysse désespéré, pleurant sur le rivage de l'île de Calypso en songeant à son impossible retour.

Cette fragilité du héros, qui prépare les personnages complexes de nos romans, est déjà présente dans l'épopée mésopotamienne. En effet, devant Humbaba, Gilgamesh et Enkidu perdent tour à tour courage et ils ne doivent leur succès qu'à la solidité de leur amitié. Le désespoir du souverain d'Uruk à la mort de son ami et les questions qu'il se pose quant à sa propre existence révèlent aussi sa personnalité profondément humaine.

Un ancrage historique

Les aventures et les héros extraordinaires qui définissent l'épopée ne doivent pas nous faire oublier que le récit s'ancre dans une réalité historique.

- **Des lieux et des personnages historiques**

Les aventures de Gilgamesh se déroulent dans un espace géographique réel (voir carte, p. 4). Certes, il s'agit de la cartographie du monde selon les Mésopotamiens, mais certains éléments, comme les monts Jumeaux ou la grande fosse syrienne, appartiennent aux paysages que nous connaissons. Quant à la ville d'Uruk, elle existe bel et bien : la Bible la désigne sous le nom d'Erech et des archéologues allemands, qui avaient localisé le site de Warka (en Irak) au milieu du XIXe siècle, l'ont identifié en 1912 comme étant celui d'Uruk. Les différentes missions qui se sont succédé sur ce site y ont découvert des vestiges datant du début de l'écriture.

Quant à Gilgamesh lui-même, il aurait régné sur la ville d'Uruk aux alentours de 2650 avant J.-C. Des documents historiques attestent de sa présence en qualité de souverain et fils de Lugalbanda, comme le répète la légende.

Comme pour les épopées homériques, les héros de *Gilgamesh* sont donc des personnages supposés historiques dont on aurait gardé à l'esprit les exploits, en les racontant oralement avant de les fixer par écrit. Il s'agissait en Mésopotamie, comme un peu plus tard chez les Hébreux ou les Grecs, de conserver la mémoire du passé.

Une dimension universelle

Mais, si *Gilgamesh* est aussi diffusé, ce n'est pas seulement parce que les exploits du géant passionnent ou que l'épopée est la mémoire d'un passé. En effet, ce récit fondateur apporte des réponses aux interrogations présentes et a une dimension universelle susceptible de justifier sa large diffusion, jusqu'à nous toucher encore aujourd'hui.

• *Une explication du monde*

Tandis qu'un simple roman d'aventures cherche avant tout à nous distraire, l'épopée de *Gilgamesh*, si précieusement gravée et conservée, se veut la mémoire d'une civilisation et de l'origine du monde. C'est ainsi que Gilgamesh entend de la bouche d'Ut-Napishtim lui-même le récit du Déluge, l'événement fondateur. Son combat contre Humbaba propose, lui aussi, une explication du monde : « *Ils piétinaient le sol, le martelaient de leurs talons, disloquant par leurs saccades l'Hermon et le Liban, au point qu'ils finirent par créer cette crevasse profonde que l'on appelle "la grande fosse syrienne"*. » Par ailleurs, le voyage de Gilgamesh jusqu'aux limites de l'univers connu est prétexte à une représentation de l'espace. Les monts Jumeaux, entre lesquels se glisse le Soleil, font figure de porte d'entrée du monde des dieux : le souverain d'Uruk découvre le merveilleux jardin des pierres précieuses, les eaux mortelles, le rivage des dieux...

• *Les valeurs d'un peuple*

L'épopée chante les exploits d'un héros hors du commun pour célébrer les valeurs de tout un peuple. En effet, Gilgamesh incarne les valeurs de la civilisation mésopotamienne : la place du combat, l'amitié, les forces physique et morale, le respect des dieux, mais aussi la liberté (Gilgamesh refusant Ishtar).

- **Une réflexion sur l'homme**

Sans doute la force peu commune des héros épiques et les obstacles qu'ils doivent surmonter expliquent-ils que nous lisions encore les récits antiques. Mais, si les épopées traversent les millénaires, c'est surtout parce qu'elles expriment une réflexion sur l'homme qui nous touche toujours. Ainsi, la première partie de *Gilgamesh* constitue un bel éloge de l'amitié : *« On ne peut rompre une cordelette à trois nœuds.* » La seconde partie, quant à elle, cherche un sens à notre existence. En désirant acquérir l'immortalité, Gilgamesh refuse les limites de sa condition humaine et s'interroge sur sa vie : *« Je veux le questionner sur la mort et sur la vie »*, dit-il à l'homme-scorpion qui lui demande pourquoi il désire rencontrer Ut-Napishtim. Au fil de son voyage initiatique, le héros rencontre différents personnages qui le dissuadent de continuer en lui expliquant que la mort fait partie de la vie des hommes. Quant au bonheur, il est accessible à condition de ne pas aller le chercher à l'autre bout du monde : *« Contemple l'enfant qui te tient par la main. Que ta bien-aimée se réjouisse dans tes bras ! Telle est l'occupation des hommes ! »*

Groupement de textes : L'héritage de Gilgamesh

Rappelons tout d'abord que l'épopée de *Gilgamesh*, parce qu'elle a été oubliée durant des siècles, n'a pas directement inspiré notre sensibilité, notre littérature et nos arts. Notre culture moderne (notre façon de penser, d'écrire ou de peindre) plonge ses racines, d'une part, dans le monde gréco-romain et, d'autre part, dans l'univers judéo-chrétien. Mais, en lisant *Gilgamesh*, on comprend que ces deux civilisations (qui se sont aussi rencontrées) se sont elles-mêmes en partie nourries de textes plus anciens. Avant Hercule et Achille, il y avait le roi d'Uruk ; avant Noé, il y avait Ut-Napishtim...

Se nourrir des œuvres antérieures ne veut surtout pas dire « les recopier » : chaque civilisation élabore sa propre explication du monde, définit ses propres relations avec le sacré. Malgré tout, les hommes d'il y a deux mille ou quatre mille ans ne sont guère différents de nous : ils ont à surmonter des obstacles, ils pleurent leurs amis, ils s'attachent à leurs enfants, ils s'interrogent sur le monde et le sens de l'existence. Seul le divin a changé. Si les dieux grecs, perçus comme des surhommes dotés de l'immortalité, nous font penser aux dieux mésopotamiens, le monothéisme des Hébreux, repris ensuite par les chrétiens et les musulmans, fait de Dieu une entité fondamentalement différente des hommes. En examinant successivement le thème de la descente aux Enfers, la figure du héros et le récit du Déluge, voyons comment, de *Gilgamesh* à nos jours, les mythes expriment notre vision de l'homme et du sacré.

Gilgamesh

Une 12e tablette a été retrouvée à Ninive, mais elle n'a vraisemblablement pas été écrite par Sînleqe'Unnennî. Il s'agit d'une autre version de la mort d'Enkidu dans laquelle on perçoit des échos d'une des vieilles légendes sumériennes évoquant la descente aux Enfers d'Enkidu, un voyage qui inspirera les Grecs.

Gilgamesh décida d'inventer un jeu où l'on tapait la boule avec le maillet en chevauchant une personne. Il choisit pour monture les enfants sans défense des veuves de la ville. Le soir venu, il traça une marque là où sa boule était arrivée, et il l'emmena avec lui dans sa maison. Le lendemain, il replaça la boule sur la marque pour reprendre le jeu. Mais les veuves arrivèrent pour lui reprocher son comportement avec leurs enfants. À ce moment-là, sa boule et son maillet lui échappèrent. Ils tombèrent dans le pays des Morts. Gilgamesh ne parvint pas à les récupérer et dut s'arrêter dans l'antichambre du pays des Morts. Il se mit à pleurer, à crier qu'il n'avait pas eu le temps de prendre suffisamment de plaisir, qu'il n'avait pas assez joui. Il se lamentait : « Ma boule est tombée dans le pays des Morts, qui me la rapportera ? » C'est alors qu'Enkidu apparut et lui dit :

– Mon roi, comme tu pleures ! Pourquoi torturer ainsi ton cœur ? Ta boule et ton maillet, j'irai, pour toi, les chercher dans le pays des Morts.

Gilgamesh lui répondit :

– Mon ami, si tu descends pour moi dans le pays des Morts, suis attentivement mes conseils : ne mets pas de linge propre, on te prendrait pour un intrus ; évite l'huile parfumée, tu serais vite encerclé ; ne lance pas ton javelot, ceux qu'il frapperait se vengeraient ; ne prends pas de bâton, les fantômes s'agiteraient autour de toi ; ne mets pas de sandales car tu ferais du bruit au pays des Morts ; n'embrasse pas la femme que tu aimes, ni ne frappe celle que tu détestes, de même pour tes fils, sinon les cris adressés au dieu Soleil te saisiraient.

Enkidu ne suivit aucun de ces conseils et fit le contraire de ce qui lui avait été prescrit. Quand il voulut remonter du pays des Morts, personne ne put le saisir, ni le vizir des Enfers, Namtar, qui pourtant coupe les destins, ni Asakku, le démon de la Maladie mortelle, ni même Nergal, le dieu de l'Enfer, tapis dans l'ombre. Non, Enkidu n'est pas tombé sur un champ de bataille, c'est le pays des Morts qui l'a saisi.

Alors Gilgamesh implora Enlil, si puissant. Mais Enlil ne le soutint pas. Enlil ne prit pas la parole. Il implora la Lune. Mais Sîn ne le soutint pas non plus ni ne prit la parole. Alors il se tourna vers Ea, espérant en sa sagesse. Ea intercéda auprès du dieu Soleil :

– Ô Soleil, vous qui avez ouvert l'accès au pays des Morts, puissiez-vous laisser le spectre[1] d'Enkidu en sortir et remonter pour rejoindre son frère Gilgamesh afin qu'il lui dise quelles sont les règles du pays des Morts.

Le Soleil, dans un souffle, fit remonter le spectre d'Enkidu. Les deux amis s'étreignirent et s'embrassèrent. Puis ils se parlèrent sans relâche, à en perdre la tête.

– Dis-moi, mon ami, dis-moi, as-tu vu le règlement du pays des Morts ? Dis-moi le règlement que tu as vu.

Gilgamesh parlait avec anxiété. Enkidu lui répondit :

– Si je te le disais, mon ami, si je te le disais, tu t'assiérais en pleurant, je m'assiérais en pleurant. Mon corps qui faisait la joie de ton cœur, mon corps, jamais plus il ne viendra devant toi, la vermine[2] l'a dévoré comme un vieux vêtement, il n'est plus que poussière.

Gilgamesh cria et il s'assit dans la poussière, continuant inlassablement à poser ses questions :

[...]

– Celui qui a deux fils, tu l'as vu ?

– Il est assis sur deux briques et mange du pain.

– Et celui qui a trois fils ?

– Il boit l'eau tirée de l'outre dans le désert.

– Celui qui a quatre fils ?

– Il est comme l'homme qui attelle quatre ânes et se réjouit.

– Et cinq fils ?

– Comme un bon scribe, sa main est agile, il a ses entrées au palais.

notes

1. spectre : ombre, fantôme d'une personne décédée.

2. vermine : ensemble des parasites (poux, vers...).

– Six ?
– Comme un homme vigoureux, son cœur se réjouit.
– Et celui qui a sept fils, tu l'as vu ?
– Assis sur un siège, il assiste les dieux en leur tribunal.
[...]
– Et la femme stérile[1] ?
– Elle est à terre et ne réjouit aucun homme.
[...]
– As-tu vu celui qui a été enlevé dans la fleur de l'âge par une mort soudaine, que fait-il ?
– Il repose sur le lit des dieux et il boit de l'eau pure.
– Et ceux qui, mort-nés, n'ont pas connu la vie ?
– Ils jouent près du miel et du beurre posés sur une table d'or et d'argent.

Gilgamesh, extrait de la tablette XII, adaptation de Léo Scheer, éditions Léo Scheer, 2006.

Virgile, *Énéide*

En présentant un monde obscur, situé sous la terre et réservé aux défunts et aux dieux qui les accompagnent, les mythologies mésopotamienne puis gréco-latine apportent une réponse aux interrogations des hommes quant à ce qui se passe après la mort. Seuls certains personnages exceptionnels – Enkidu (mythologie mésopotamienne), Orphée et Ulysse (mythologie grecque), Énée (mythologie latine) – parviennent à approcher ou pénétrer le monde des ombres.
Virgile, poète latin (70-19 av. J.-C.), entend rivaliser avec le Grec Homère en composant une épopée à la gloire de Rome. Le poète raconte le parcours extraordinaire d'Énée (un prince troyen, ancêtre mythique des Romains, fils d'Anchise et de la déesse

note

1. femme stérile : femme qui ne peut pas avoir d'enfant.

Vénus), depuis la défaite de Troie jusqu'à son arrivée dans le Latium (pays habité par les Latins, région centrale de l'Italie). Dans le chant VI, Énée, guidé par une prêtresse d'Apollon, la Sibylle, descend aux Enfers pour retrouver son père Anchise qui lui montre ses futurs descendants, notamment Romulus, Pompée, César... Avant de retrouver son père, Énée découvre les Enfers, notamment le passeur Charon qui repousse les âmes sans sépulture[1].

> De là, c'est le chemin qui conduit dans le Tartare[2] sur les bords de l'Achéron[3] : gouffre bourbeux, vaste abîme qui bouillonne et vomit tout son limon[4] dans le Cocyte[5]. Un horrible passeur garde ces eaux et ce fleuve, Charon d'une saleté épouvantable. Sous son menton s'étale une épaisse barbe blanche inculte[6] ; ses yeux sont des flammes immobiles ; un manteau sordide[7], attaché par un nœud, pend de ses épaules. Il pousse à lui seul son esquif[8] à la gaffe[9], manœuvre les voiles et transporte les ombres dans la barque couleur de fer. Il est assez âgé, mais de la solide et verte vieillesse d'un dieu. Toute une foule répandue se précipitait vers la rive : des mères, des époux, des héros magnanimes[10] qui ont fourni la carrière de la vie, des enfants, des vierges, des jeunes gens mis sur le bûcher funèbre sous les yeux de leurs parents : aussi nombreuses étaient ces âmes que, dans les bois, aux premiers froids de l'automne, glissent et tombent les feuilles ou que s'attroupent, venant du grand large vers la terre, les oiseaux, quand la saison froide les chasse au-delà de l'Océan et les envoie au pays du Soleil. Elles étaient là, debout, suppliant qu'on les fît passer les premières,

notes

1. sépulture : tombeau.
2. Tartare : lieu des Enfers où ceux qui ont défié les dieux purgent leur peine.
3. Achéron : une des branches du Styx, une rivière souterraine ; sur son bateau, Charon y transporte les âmes des morts.
4. limon : terre transportée par un fleuve.
5. Cocyte : un des affluents de l'Achéron.
6. inculte : non entretenue.
7. sordide : misérable.
8. esquif : bateau léger.
9. gaffe : longue perche qui sert à manœuvrer le bateau.
10. magnanimes : généreux, bienveillants.

et elles tendaient les mains, pleines du désir de l'autre rive. Mais le sombre batelier[1] accepte tantôt ceux-ci, tantôt ceux-là ; quant aux autres, il les écarte, il les refoule loin de la grève[2].

Virgile, *Énéide*, traduction de M. Lefaure, revue par Sylvie Laigneau, « Le Livre de Poche », Librairie Générale Française, 2008.

Euripide, *Héraclès furieux*

Au VIIIe siècle avant J.-C., Héraclès (Hercule en latin), fils de Zeus et d'Alcmène, une mortelle, fait son apparition dans la littérature grecque : Homère évoque sa force dans l'*Iliade* et Hésiode le mentionne dans sa *Théogonie*. Lorsqu'on pense à sa naissance, à ses exploits et à son immortalité, on ne peut s'empêcher de voir une ressemblance avec le héros sumérien (le taureau de Minos envoyé par Poséidon et maîtrisé par Hercule ne rappelle-t-il pas le Taureau-Céleste ?).

Dans *Héraclès furieux* (424 av. J.-C.), Euripide prend des libertés par rapport au mythe en plaçant le meurtre des enfants bien-aimés après les douze travaux. Le passage qui suit nous présente un héros (le fils de Zeus) capable d'accomplir des exploits mais aussi, comme l'a recommandé la tavernière à Gilgamesh, un homme (le fils d'une mortelle, Alcmène) attaché à ses enfants.

AMPHITRYON[3]. Tu es donc allé vraiment dans le palais d'Hadès[4], ô mon fils ?

HÉRACLÈS. Oui, et j'ai amené à la lumière le monstre à trois têtes[5].

AMPHITRYON. L'as-tu combattu et vaincu, ou la déesse t'en a-t-elle fait don ?

notes

1. ***batelier :*** marin qui dirige le bateau sur une rivière.
2. ***grève :*** rivage.
3. Amphitryon est l'époux d'Alcmène ; Zeus, amoureux de la jeune femme, a pris l'apparence de son mari pour la séduire ; Héraclès est né de cette union.
4. ***Hadès :*** dieu des Enfers.
5. Il s'agit de Cerbère, le chien qui garde l'entrée des Enfers. Hercule doit le rapporter à Eurysthée qui lui a ordonné les douze travaux.

HÉRACLÈS. Je l'ai combattu ; le destin m'a été favorable parce que j'ai vu les rites des initiés aux mystères[1].
AMPHITRYON. Le monstre est-il encore au palais d'Eurysthée[2] ?
HÉRACLÈS. Le bois consacré à la Chtonienne[3] et la cité d'Hermione[4] le gardent.
AMPHITRYON. Eurysthée ne sait pas que tu es revenu sur la terre ?
HÉRACLÈS. Non : j'ai voulu venir ici auparavant et savoir ce qui s'y passe.
AMPHITRYON. Comment es-tu resté si longtemps sous la terre ?
HÉRACLÈS. C'est pour ramener Thésée que je me suis attardé chez Hadès, père.
AMPHITRYON. Où est-il ? A-t-il regagné le sol de sa patrie ?
HÉRACLÈS. Il est allé à Athènes, heureux d'avoir fui les Enfers. Mais allons ! mes enfants, suivez dans le palais votre père. Votre entrée y sera plus belle que ne fut votre sortie. Allons ! ayez du courage et ne versez plus ces flots de larmes. Toi aussi, ô ma femme, recueille tes esprits[5] et cesse de trembler. Lâchez mes vêtements ; car je n'ai pas d'ailes et je ne cherche pas à fuir ceux que j'aime. Ah ! ils ne me lâchent pas, mais ils ne s'attachent à moi que davantage ! – Vous marchiez donc ainsi sur le tranchant de la lame. Je vais leur donner la main et emmener ce tendre fardeau[6], les traîner à la remorque comme un navire une barque. Car je n'ai pas de honte à prendre soin de mes fils. En cela, les hommes sont tous pareils : ils aiment leurs enfants, les plus puissants des mortels comme ceux qui ne sont rien. Ils diffèrent par les richesses : les uns en possèdent, les autres non ; mais la race humaine tout entière aime ses enfants.

Euripide, *Héraclès furieux*, in *Théâtre complet* (tome 3),
traduction d'Henri Berguin et Georges Duclos,
coll. « GF », Flammarion, 1966.

notes

1. mystères : pratiques réservées aux dieux.
2. Eurysthée : roi de Mycènes.
3. Chtonienne : Perséphone, épouse d'Hadès.
4. Hermione : ville près de laquelle se situait l'entrée des Enfers.
5. recueille tes esprits : rassemble tes esprits, reprends-toi.
6. Héraclès parle de ses fils.

Homère, *Iliade*

Attribuée, comme l'*Odyssée*, au poète grec Homère (VIIIe siècle av. J.-C.), l'*Iliade* raconte les derniers moments de la guerre de Troie. Bouleversé par la mort de son ami Patrocle, le héros grec Achille prend les armes pour affronter Hector, le fils du roi de Troie, Priam. Si sa ressemblance avec Gilgamesh n'est pas aussi frappante que pour Héraclès, Achille, que sa mère a plongé dans le Styx pour le rendre – presque – invincible, est lui aussi un héros capable d'accomplir des exploits.

Achille s'élança vers la Ville, en méditant de grandes actions, tel un cheval victorieux qui emporte aisément un char dans la plaine. Et le vieux Priam l'aperçut le premier, se ruant à travers la plaine, et resplendissant comme l'étoile caniculaire[1] dont les rayons éclatent parmi les astres innombrables de la nuit, et qu'on nomme « le Chien d'Orion ». Et c'est la plus éclatante des étoiles, mais c'est aussi un signe funeste[2] qui annonce une fièvre ardente aux misérables hommes mortels. Le Péléide[3] approchait semblable à l'impétueux guerrier Arès[4] et brandissant de la main droite la terrible lance Péléenne. Et l'airain[5] resplendissait, semblable à l'éclair, ou au feu ardent, ou à Hélios[6] qui se lève. Mais, dès que Hector l'eut vu, la terreur le saisit et il ne put l'attendre ; et, laissant les portes derrière lui, il s'enfuit épouvanté. Et le Péléide s'élança de ses pieds rapides.

Homère, *Iliade*, chant XXII,
adapté de la traduction de Leconte de Lisle.

notes

1. caniculaire : d'été.
2. funeste : qui annonce la mort.
3. Péléide : fils de Pélée, qui est le père d'Achille.
4. Arès : dieu de la Guerre, fils de Zeus et d'Héra.
5. airain : bronze.
6. Hélios : dieu du Soleil.

Profondément humain comme Gilgamesh après la mort de son ami, Achille n'est pas un héros insensible. On le voit pleurer avec Priam, le chef troyen, venu lui demander le corps de son fils, Hector.

> – [...] Respecte les dieux, Achille, et, te souvenant de ton père, aie pitié de moi qui suis plus malheureux que lui, car j'ai pu, ce qu'aucun homme n'a encore fait sur la Terre, approcher de ma bouche les mains de celui qui a tué mes enfants !
> Il parla ainsi, et il remplit Achille du regret de son père. Et le Péléide, prenant le vieillard par la main, le repoussa doucement. Et ils se souvenaient tous deux ; et Priam, prosterné aux pieds d'Achille, pleurait de toutes ses larmes son fils Hector ; et Achille pleurait son père et Patrocle, et leurs gémissements retentissaient sous la tente. Puis, le divin Achille, s'étant rassasié de larmes, sentit sa douleur s'apaiser dans sa poitrine, et il se leva de son siège ; et plein de pitié pour cette tête et cette barbe blanche, il releva le vieillard de sa main et lui dit ces paroles ailées :
> – Ah ! Malheureux ! Certes, tu as subi des peines sans nombre dans ton cœur. Comment as-tu osé venir seul vers les nefs des Achéens et soutenir la vue de l'homme qui t'a tué tant de braves enfants ? Ton cœur est de fer. Mais prends ce siège, et, bien qu'affligés[1], laissons nos douleurs s'apaiser, car le deuil ne nous rend rien. Les Dieux ont destiné les misérables mortels à vivre pleins de tristesse, et, seuls, ils n'ont point de soucis. [...]

Homère, *Iliade*, chant XXIV,
adapté de la traduction de Leconte de Lisle.

note

1. affligés : profondément tristes.

Le capitaine Nemo (Jules Verne)

Au cours de son périple sous les océans, Nemo (« personne » en latin), le capitaine du *Nautilus*, un prodigieux sous-marin, affronte différentes créatures monstrueuses, notamment un poulpe géant. À la fin de *L'Île mystérieuse*, le lecteur apprend que Nemo, digne héritier de nos héros antiques, a connu, comme Gilgamesh et Achille, la souffrance d'avoir perdu ses proches. Les gravures qui illustrent les différents romans de Jules Verne ont contribué à son succès.
Voir document ci-contre.

La Bible de Jérusalem, Genèse

Le récit du Déluge, mythe commun à de nombreuses civilisations, explique à sa manière une catastrophe naturelle meurtrière. L'épopée de *Gilgamesh*, dans sa version ninivite, propose un récit du cataclysme, déjà présent dans le *Poème du Supersage*, contemporain de la version ancienne de l'épopée. Quand ce passage a été découvert par les archéologues en 1872, certains y ont vu une remise en cause de l'authenticité de la Bible. Certes, on ne peut douter que le récit de la *Genèse* s'inspire du mythe mésopotamien : un déluge, un bateau, un survivant avec sa famille et des animaux, les oiseaux qui indiquent si la Terre est à nouveau habitable... Mais l'histoire racontée dans la *Genèse*, le premier livre de la Bible, diffère fondamentalement de celle des Mésopotamiens, car le Dieu unique des Hébreux ne se comporte pas comme les dieux mésopotamiens.

9 Voici l'histoire de Noé : Noé était un homme juste, intègre
parmi ses contemporains, et il marchait avec Dieu. 10 Noé
engendra trois fils, Sem, Cham et Japhet. 11 La terre se pervertit
au regard de Dieu et elle se remplit de violence. 12 Dieu vit la
terre : elle était pervertie, car toute chair avait une conduite

Illustration de Neuville pour *Vingt Mille Lieues sous les mers.*

perverse[1] sur la terre. 13 Dieu dit à Noé : La fin de toute chair est
arrivée, je l'ai décidé, car la terre est pleine de violence à cause des
hommes et je vais les faire disparaître de la terre. 14 Fais-toi une
arche en bois résineux, tu la feras en roseaux et tu l'enduiras de
bitume en dedans et en dehors. 15 Voici comment tu la feras : trois
cents coudées pour la longueur de l'arche, cinquante coudées
pour sa largeur, trente coudées pour sa hauteur. 16 Tu feras à
l'arche un toit et tu l'achèveras une coudée plus haut, tu placeras
l'entrée de l'arche sur le côté et tu feras un premier, un second et
un troisième étage. 17 Pour moi, je vais amener le déluge, les eaux,
sur la terre, pour exterminer de dessous le ciel toute chair ayant
souffle de vie : tout ce qui est sur la terre doit périr. 18 Mais
j'établirai mon alliance avec toi et tu entreras dans l'arche, toi et
tes fils, ta femme et les femmes de tes fils avec toi. 19 De tout ce
qui vit, de tout ce qui est chair, tu feras entrer dans l'arche deux de
chaque espèce pour les garder en vie avec toi ; qu'il y ait un mâle
et une femelle. [...]
5 Noé fit tout ce que Yahvé lui avait commandé. [...] 12 La pluie
tomba sur la terre pendant quarante jours et quarante nuits. 13 Ce
jour même, Noé et ses fils, Sem, Cham et Japhet, avec la femme
de Noé et les trois femmes de ses fils, entrèrent dans l'arche, 14 et
avec eux les bêtes sauvages de toute espèce, les bestiaux de toute
espèce, les bestioles de toute espèce qui rampent sur la terre, les
volatiles de toute espèce, tous les oiseaux, tout ce qui a des ailes.
[...] 17 Il y eut le déluge pendant quarante jours sur la terre ; les
eaux grossirent et soulevèrent l'arche, qui fut élevée au-dessus de
la terre. 18 Les eaux montèrent et grossirent beaucoup sur la terre
et l'arche s'en alla à la surface des eaux. 19 Les eaux montèrent de
plus en plus sur la terre et toutes les plus hautes montagnes qui
sont sous tout le ciel furent couvertes. 20 Les eaux montèrent
quinze coudées plus haut, recouvrant les montagnes. 21 Alors périt
toute chair qui se meut sur la terre : oiseaux, bestiaux, bêtes
sauvages, tout ce qui grouille sur la terre, et tous les hommes. [...]
24 La crue des eaux sur la terre dura cent cinquante jours.

note

1. perverse : mauvaise.

1 Alors Dieu se souvint de Noé et de toutes les bêtes sauvages et de
tous les bestiaux qui étaient avec lui dans l'arche ; Dieu fit passer
un vent sur la terre et les eaux désenflèrent. 2 Les sources de
l'abîme et les écluses du ciel furent fermées ; – la pluie fut retenue
de tomber du ciel 3 et les eaux se retirèrent petit à petit de la terre ;
– les eaux baissèrent au bout de cent cinquante jours [...] 6 Au
bout de quarante jours, Noé ouvrit la fenêtre qu'il avait faite à
l'arche 7 et il lâcha le corbeau, qui alla et vint en attendant que les
eaux aient séché sur la terre. 8 Alors il lâcha auprès de lui la
colombe pour voir si les eaux avaient diminué à la surface du sol.
9 La colombe, ne trouvant pas un endroit où poser ses pattes,
revint vers lui dans l'arche, car il y avait de l'eau sur toute la surface
de la terre ; il étendit la main, la prit et la fit rentrer auprès de lui
dans l'arche. 10 Il attendit encore sept autres jours et lâcha de
nouveau la colombe hors de l'arche. 11 La colombe revint vers lui
sur le soir et voici qu'elle avait dans le bec un rameau[1] tout frais
d'olivier ! Ainsi Noé connut que les eaux avaient diminué à la
surface de la terre. 12 Il attendit encore sept autres jours et lâcha la
colombe, qui ne revint plus vers lui. 13 C'est en l'an six cent un de
la vie de Noé[2], au premier mois, le premier du mois, que les eaux
séchèrent sur la terre. Noé enleva la couverture de l'arche ; il
regarda et voici que la surface du sol était sèche !

La Bible de Jérusalem (extraits de la *Genèse*, VI-VIII),
Éditions du Cerf, 1988.

Pierre-Jean Jouve, *Les Noces*

Après avoir inspiré les Grecs (la fin de l'âge d'or) et les Romains (Ovide, *Métamorphoses*, livre I), le récit du Déluge continue de toucher les écrivains et les peintres. Le poète chrétien Pierre-Jean

notes

1. rameau : petite branche.
2. Noé est supposé avoir vécu 950 ans.

Jouve se rappelle la colombe[1] qui, revenue vers Noé avec un rameau d'olivier, porte l'espoir d'une vie nouvelle dans un monde encore fragile.

UNE COLOMBE

Balancée sur la nue[2] branche
Par le vent froid
Au soleil chaste[3]
Après la mort
Avant la résurrection
Voilà ce qui me reste d'espérance.

Pierre-Jean Jouve, *Les Noces*, « Symphonie à Dieu »,
Éditions Gallimard, 1966.

Marcel Aymé, *Les Contes bleus du chat perché*

La littérature de jeunesse et le cinéma d'animation se sont aussi emparés du mythe du Déluge en lui enlevant toute dimension religieuse. Les animaux réunis dans le même navire sont prétexte à diverses intrigues. L'idée d'un nouvel ordre du monde a disparu et il ne reste plus qu'un jeu, comme le suggère Marcel Aymé : Delphine et Marinette imaginent de « jouer au Déluge »...

– [...] Je pensais qu'au lieu de jouer au loto, on pourrait peut-être jouer à l'Arche de Noé.

Marinette trouva l'idée très bonne et pensa que la cuisine ferait un excellent bateau. Quant aux bêtes, les petites ne furent pas embarrassées pour les trouver. Elles allèrent à l'écurie et à la basse-cour

notes

1. Présente dans *Gilgamesh* puis dans la *Genèse*, la colombe est maintenant un symbole international d'espoir et de paix.

2. nue branche : branche nue, qui n'a pas encore de feuilles.

3. chaste : pur.

et décidèrent facilement le bœuf, la vache, le cheval, le mouton, le coq, la poule, à les suivre dans la cuisine. La plupart étaient très contents de jouer à l'Arche de Noé. Il y eut bien quelques grincheux, comme le dindon et le cochon, pour protester qu'ils ne voulaient pas être dérangés, mais Marinette leur déclara sans rire :

– C'est le Déluge. Il va pleuvoir pendant quarante jours et quarante nuits. Si vous ne voulez pas venir dans l'Arche, tant pis pour vous. La Terre sera couverte par les eaux, et vous serez noyés.

Les grincheux ne se le firent pas dire deux fois et se bousculèrent pour entrer à la cuisine. Pour les poules, il n'y eut pas besoin de leur faire peur. Elles voulaient toutes venir jouer, et Delphine, après en avoir choisi une, fut obligée d'écarter les autres.

– Vous comprenez, je ne peux prendre qu'une poule. Autrement, ce ne serait pas de jeu.

En moins d'un quart d'heure, toutes les bêtes de la ferme furent représentées dans la cuisine. On craignait que le bœuf ne pût passer par la porte, à cause de ses grandes cornes, mais en penchant la tête de côté, il entra très bien, et la vache aussi. L'Arche se trouva si pleine qu'il fallut loger sur la table la poule, le coq, la dinde, le dindon et le chat. Il n'y eut pourtant aucun désordre et les bêtes se montrèrent tout à fait raisonnables. D'ailleurs, elles étaient un peu intimidées d'être dans la cuisine, où, sauf le chat, et peut-être la poule, elles n'avaient jamais pénétré. [...] La vache n'était pas moins curieuse de tout ce qu'elle apercevait derrière les vitres du buffet. Surtout, elle ne pouvait détacher son regard d'un fromage et d'un pot de lait, qui lui firent murmurer à plusieurs reprises : « Je comprends, maintenant, je comprends... »

Marcel Aymé, *Les Contes bleus du chat perché*,
extrait de « L'Éléphant », Éditions Gallimard, 1978.

Bibliographie

L'Épopée de Gilgamesh

Le texte intégral adapté par Léo Scheer est disponible aux éditions Léo Scheer.
Si vous désirez découvrir une traduction littérale des différentes versions de l'épopée, consultez l'ouvrage de Jean Bottéro, *L'Épopée de Gilgamesh : le grand homme qui ne voulait pas mourir*, coll. « L'Aube des peuples », Gallimard, 1992.
Il existe aussi des versions romancées pour les enfants :
– *L'Épopée de Gilgamesh*, adaptation de Pierre-Marie Beaude, coll. « Folio Junior », Gallimard Jeunesse, 2009.
– *Le Premier Roi du monde : l'épopée de Gilgamesh*, adaptation de Jacques Cassabois, « Le Livre de Poche Jeunesse », Hachette Livre, 2008.
Une bande dessinée : *Gilgamesh : « Le Tyran »* (vol. 1) et *« Le Sage »* (vol. 2) de Gwen de Bonneval et Frantz Duchazeau, coll. « Poisson Pilote », Dargaud, 2004-2005.

Sur la Mésopotamie

Jean Bottéro, *Babylone : à l'aube de notre culture*, coll. « Découvertes Gallimard », Gallimard, 1994.
Karine Safa, *La Mythologie babylonienne*, coll. « Les Naissances du monde », Actes Sud Junior, 2007.

Sur la Bible

Pierre Gibert, *La Bible, le Livre, les Livres,* coll. « Découvertes Gallimard », Gallimard, 2000.

SUR LA MYTHOLOGIE

Denis Lindon, *Les dieux s'amusent*, Flammarion, 2010 : un livre amusant qui permet de comprendre la mythologie gréco-latine.

Édith Hamilton, *La Mythologie : ses dieux, ses héros, ses légendes*, Marabout, 2007 : un livre très clair sur la mythologie grecque.

La collection « Les Naissances du monde », chez Actes Sud Junior, propose toute une série d'ouvrages sur les différentes mythologies : romaine, phénicienne, japonaise, égyptienne...

SUR LES ORIGINES DU MONDE

Juliette Nouel-Rénier, *Comment l'homme a compris à quoi ressemble l'univers*, Gallimard Jeunesse, 2007.

Crédits photographiques

P. 4 : cartographie Hachette Livre. **P. 5 :** photo RMN/René-Gabriel Ojéda. **PP. 7, 15, 39 :** photos Photothèque Hachette Livre. **P. 47 :** photo Bibliothèque nationale de France. **P. 69 :** photo Photothèque Hachette Livre. **P. 86 :** photo Mary Evans/Rue des Archives. **PP. 102, 106 :** photos Photothèque Hachette Livre. **P. 111 :** photo The Bristish Museum/Réunion des Musées nationaux. **PP. 119, 137 :** photos Photothèque Hachette Livre.

Conception graphique

Couverture : *Karine Nayé*

Intérieur : *ELSE*

Édition

Fabrice Pinel

Mise en page

Jouve, Saran

Illustration des questionnaires

Harvey Stevenson

Achevé d'imprimer en Italie par Rotolito Lombarda

Dépôt légal : 08/2012 - Collection n° 63 - Edition n°01

28/1505/8